भारत का नया मध्य-वर्ग

पवन के. वर्मा सेंट स्टीफन्स कॉलेज, नई दिल्ली से स्नातक हैं। वे 1976 में भारतीय विदेश सेवा में कार्यरत हुए। 2012 में इन्होंने भारतीय विदेश सेवा से स्वैच्छिक सेवा निवृत्ति लेकर लोक जीवन चुना और इस समय बिहार के मुख्यमन्त्री नितीश कुमार के सांस्कृतिक सहायक के रूप में कार्यरत हैं। वे बहुप्रशंसित लेखक, अनुवादक एवं कवि हैं।

भारत का नया मध्य-वर्ग

2014 और उसके बाद की चुनौतियाँ

पवन के. वर्मा

अनुवाद : प्रभात रंजन

हार्परकॉलिंस पब्लिशर्स इंडिया

हार्पर हिन्दी
(हार्परकॉलिंस पब्लिशर्स इंडिया) द्वारा 2014 में प्रकाशित

हार्पर हिन्दी हार्पर कॉलिंस पब्लिशर्स इंडिया का हिन्दी सम्भाग है
बिल्डिंग नं. 10, टावर A, 4th फ्लौर
डीएलएफ साइबर सिटी, फेज II, गुरूग्राम 122002, भारत
www.harpercollins.co.in
ISBN : 978-93-5136-771-0
टाइपसेटिंग : निओ साफ़्टवेयर कन्सलटैंट्स, इलाहाबाद
मुद्रक : माइक्रोप्रिंट्स (इंडिया), नई दिल्ली

'लीला, मेरी नवजात नातिन,
और मेरी बहनों जुही, बेला और नलिनी के लिए'

चलता हूँ थोड़ी देर हर एक तेज़ रौ के साथ
पहचानता नहीं हूँ अभी राहबर को मैं

मिर्ज़ा ग़ालिब

अनुक्रम

अध्याय-1

भारत का युवा गणतन्त्र संकट में है, और भारतीय मध्य वर्ग इसमें मुखर प्रतिभागी और हाशिये पर खड़ा दर्शक दोनों बना हुआ है। इस द्वैध के कई कारण हैं। इतिहास में किसी वर्ग के लिए यह असामान्य नहीं रहा है कि वह अपने अन्दर कहीं बड़ी सम्भावना रखता हो, लेकिन आम तौर पर उससे बेख़बर हो तथा उस बड़ी भूमिका को निभाने के लिए उसकी उतनी तैयारी भी न हो। सामाजिक रूपान्तरण की गत्यात्मकता ने एक स्तर पर काम किया है, और उस वर्ग की जागरूकता दूसरे स्तर पर विकसित हुई है, जिसकी भूमिका वृहत स्तर पर बदलाव के दौर से गुजरी है, जिसकी वजह से यथार्थ और जागरूकता के बीच एक टूटन पैदा हुई है। अपने विकासक्रम में भारतीय मध्यवर्ग इसी संक्रान्ति के दौर में है। पहली बार, 2014 के चुनावों, और भविष्य में होने वाले चुनावों में यह महत्वपूर्ण खिलाड़ी होने वाला है। इससे निपटने के लिए सभी राजनीतिक दलों के युद्ध कक्ष में तैयारियाँ चल रही हैं। मध्यवर्ग इस नए-नए मिले महत्व से पूरी तरह बेख़बर भी नहीं है। बल्कि यह इस बात से अच्छी तरह बाख़बर है कि क्या बदला है और किस अन्दाज़ से, और इसने यह भी फैसला किया हुआ है कि क्या यह राजनीतिक शक्तियों का दाना-पानी भर बन कर रह जायेगा या अपने तई निर्णायक तौर पर उनका खेल बदल कर रख देगा? यह सभी भारतीय मध्यवर्ग के सामने एक ऐतिहासिक चयन का अवसर है, और 2014 इस मामले में निर्णायक साबित होने वाला है कि उसने जो चयन किया वह बुद्धिमानी से किया था या नहीं। कम-से-कम छह ऐसे कारण हैं जिससे पता चलता है कि मध्यवर्ग की भूमिका क्यों बदली है, और उनमें से प्रत्येक का सम्बन्ध पहले इस वर्ग के विकासक्रम से है।

पहला, मध्यवर्ग संख्या में उस हद तक पहुँच चुका है कि वह देश के चुनावी अंकगणित में महत्वपूर्ण भूमिका निभा सकता है। दूसरे, संख्या में इस बढ़त ने इस वर्ग की आरम्भिक एकरूपता पर फिर से काफ़ी हद तक बल दिया है, इतिहास में इससे पहले ऐसा कभी नहीं हुआ, कि इसने विशिष्ट पहचान वाले एक ऐसे वर्ग का गठन किया है जो महत्वपूर्ण ढंग से जातीय निष्ठाओं के परे जाता दिखाई देता है। तीसरे, बड़ी संख्या वाले इस वर्ग ने पहली बार वह पहचान अर्जित की है जिसकी प्रकृति अखिल भारतीय है, जिसका मतलब यह हुआ कि यह देश भर में एक पहचान योग्य इकाई की बड़ी तादाद का प्रतिनिधित्व करता है, जो पहले से अधिक है। चौथे, यह मध्यवर्ग कभी भी इतना युवा नहीं रहा है, बड़ी संख्या में इसके सदस्य 25 वर्ष की आयु के आसपास हैं। पाँचवाँ, सूचना एवं संचार, साथ ही, मोबाइल फ़ोन, सोशल मीडिया और 24 घण्टे के समाचार चैनलों की वजह से इस वर्ग की शक्ति में सच्चे अर्थों में क्रान्तिकारी फ़र्क पड़ा है। इतिहास में इसके बहुत कम उदाहरण मिलते हैं जब इतने कम समय में किसी वर्ग ने इतनी विशिष्टता अर्जित की हो। छठा, पहले जहाँ इस वर्ग में अलग-थलग रहने की प्रवृत्ति थी, अब उसमें फ़र्क आया है, और ऐसे संकेत मिलने लगे हैं, हालाँकि इसके उदाहरण अभी गिने-चुने ही हैं, कि इस वर्ग ने ऐसे मुद्दों के प्रति संलग्नता दिखाई है जो इसके तात्कालिक हितों तक ही सीमित नहीं है। और आखिर में, ऐसा पहले कभी नहीं हुआ कि शासन की असफलता को लेकर, अर्थव्यवस्था के कुप्रबन्धन को लेकर, तथा भ्रष्टाचार, नकारात्मकता, आदर्शवाद की कमी एवं राजनीतिक वर्ग तथा उससे साँठ-गाँठ रखनेवालों के नैतिक दिवालियेपन को लेकर भारतीय मध्यवर्ग इतने गुस्से में रहा हो। ये छह कारण मध्य-वर्ग के चरित्र, प्रभाव, भूमिका एवं सम्भावनाओं में गुणात्मक बदलाव को दर्शाते हैं, और उपयोगी यह होगा कि इनके बारे में संक्षेप में चर्चा कर ली जाये। 1947 में मध्यवर्ग मोटे तौर पर एक छोटा और ख़ास तबका था, जो आम तौर पर औपनिवेशिक काल में अंग्रेजों के साथ मेल-जोल से निर्मित हुआ। बाद के दशकों में धीरे-धीरे इसकी संख्या में वृद्धि हुई, जिसमें शामिल हुए लाखों दुकान चलाने वाले, छोटे-मोटे व्यवसायी, अर्ध-कुशल औद्योगिक एवं सेवा क्षेत्र में काम करने वाले तथा कम तनख़्वाह वाले परिवार, जिनकी थोड़ी बहुत अतिरिक्त आय होती थी। इसमें शामिल होने वाले नये लोगों में 'बैलगाड़ी वाले पूँजीपति' (bullock capitalist) भी थे जो

गाँव देहातों से आते थे और जिन्होंने अपने संसाधनों को सावधानीपूर्वक खर्च किया था और उनको राज्य द्वारा खेती को दिये जाने वाले अनुदान के साथ-साथ 1990 में मण्डल आयोग की सिफ़ारिशों के लागू किये जाने के बाद सरकारी नौकरियों में मिलने वाले आरक्षण का फ़ायदा भी मिला था। लेकिन, निस्सन्देह, मध्यवर्ग के तेजी से विकास के लिए निर्णायक रहे 1991 के आर्थिक सुधार और उसकी वजह से विकास दर में जो तेजी आयी। एक तरफ़ आय में वृद्धि हुई (भारत की प्रति व्यक्ति आय 2003 के 530 डॉलर से बढ़ कर आज करीब 1600 डॉलर हो गई है), इसी तरह मध्य वर्ग के लिए नौकरियों और व्यवसाय के अवसर भी बढ़े, इसके नीचे के लोगों के मुकाबले यह अवसर बहुत अधिक बढ़े। यह हुआ उस दशक के दौरान उच्च विकास दर के कारण और 1991 के बाद एक ऐसी संरचना बनी जो मध्यवर्ग के लिए ख़ास तौर पर सहायक रही। उदाहरण के लिए, सेवा क्षेत्र में कृषि और उद्योग क्षेत्र के मुकाबले अधिक उच्च दर से विकास हुआ, और सकल अर्थव्यवस्था में उसका हिस्सा काफ़ी बड़ा है। इसी तरह, नई सहस्राब्दी में आईटी क्षेत्र में बड़ी तेज गति से विकास हुआ जो नये बढ़ते उच्च शिक्षा संस्थानों द्वारा तैयार किये गये तकनीकी तौर पर प्रशिक्षित हजारों स्नातकों के लिए लाभकारी साबित हुआ। क्या आज यह सम्भव है कि इस वर्ग का बिलकुल सही रूपाकार बताया जा सके? मेरे ख़याल से, भारतीय सन्दर्भ में, ऐसा कोई भी व्यक्ति जिसके पास रहने के लिए घर हो और जो अपने परिवार के लिए तीन वक़्त का खाना जुटा सकता हो, जिसकी बुनियादी स्वास्थ्य सुविधाओं, जन परिवहन और स्कूली शिक्षा तक पहुँच हो, और जिसके पास इन सभी ज़रूरतों को पूरा कर लेने के बाद इतने पैसे बच जाते हों कि वह पंखा या घड़ी या साइकिल जैसी बुनियादी ज़रूरत की चीज़ों को ख़रीद सकता हो, तो वह मध्यवर्ग के निचले दर्जे में जगह बना चुका है। इन मानकों के आधार पर मध्यवर्ग भारत की कुल एक अरब से अधिक आबादी का आधा से अधिक हो सकता है, बहुत अमीर तबके का दो प्रतिशत से कम, और उनसे ऊपर जो ग़रीबी रेखा के नीचे हैं, या वे जो असहाय तो नहीं हैं लेकिन तो भी बहुत ग़रीब हैं। इस तरह आम तौर पर न भी देखें और बड़ी सख़्ती से आर्थिक आधारों का पालन करते हुए इस वर्ग का निर्धारण करें तो भी यह संख्या पर्याप्त ही है। अगर हम मध्यवर्ग के अन्तर्गत उस व्यक्ति को मानें जिसके परिवार की आय 20 हजार से 1 लाख प्रति माह के बीच हो, जो

भारतीय ढंग से जीवन यापन का बेहतर पैमाना है, तो अनुमानों के आधार पर मध्यवर्ग करीब 20 करोड़ के आसपास हो सकता है और जो 2015 तक बढ़ कर 30 करोड़ तक हो जायेगा। 1996 में उस समय के जीवन स्तर के मुताबिक़ जिस वर्ग की आबादी करीब 2.5 करोड़ थी, उस लिहाज से यह वृद्धि सचमुच नाटकीय कही जायेगी। मैक्स वेबर ने सामाजिक वर्ग को परिभाषित करते हुए कहा है कि ऐसे लोगों का समूह जिसका सामाजिक, आर्थिक एवं शैक्षिक स्तर समान हो। दूसरी तरफ़, जाति जन्म के आधार पर एक निर्देशात्मक वर्गीकरण है। जाति व्यवस्था भारत में हजारों सालों से है, और ऐसा मानना सकारात्मक माना जायेगा कि कानून के द्वारा जनतान्त्रिक स्वतन्त्रता की वेदी पर उसके अस्तित्व को समाप्त कर दिया गया है। इस बात को एक उदाहरण के द्वारा समझा जा सकता है कि मध्य वर्ग पर इसका असर बरकरार है वह है हर रविवार को समाचारपत्र में प्रकाशित होने वाले वैवाहिक विज्ञापन, जहाँ बड़ी संख्या में विवाह के इच्छुक लोग अपनी जाति के अनुरूप ही अपना विवाह करना चाहते हैं। एक ऐसी संस्था जिसकी इतनी पुरानी परम्परा रही है वह कानून के द्वारा रातोंरात ख़त्म नहीं हो जायेगी। लेकिन यह बात भी उतनी ही सच है कि 1947 के बाद के दशकों में, और ख़ासकर 1991 के बाद मध्य वर्ग के ऊपर जाति की पकड़ साफ़ तौर पर कमजोर हुई है। इस विकास के क्या कारण हैं? एक से दूसरी जगह पर आवागमन निश्चित तौर पर एक महत्वपूर्ण पहलू है। शिक्षा की आधारभूत संरचना के विस्तार के साथ, और अर्थव्यवस्था के सर्वांगीण विकास के कारण, शिक्षा के अवसरों एवं नौकरियों के कारण मध्यवर्ग के लोगों को अपने जन्मस्थान और गृहस्थान से दूर कर दिया है। जाति की पकड़ तब अधिक मजबूत होती है जब आप अपने वास स्थान में होते हैं और अपने हर कार्य के लिए पारिवारिक सम्बन्धों के प्रति कृतज्ञ होते हैं। जब वे विश्वविद्यालयों एवं संस्थानों में पढ़ते हैं, और सामूहिक कार्य के रूप में नौकरी पाते हैं जो पुरानी विचारहीन निष्ठाओं को समाप्त करने वाला होता है। मैंने इस मध्य वर्ग के अदृश्य लेकिन तो भी परीक्षणीय बिखराव का जीवन्त उदाहरण अपनी पुस्तक 'बीइंग इण्डियन : द ट्रुथ अबाउट ह्वाई द ट्वेंटीफर्स्ट सेंचुरी विल बी इण्डियाज' में दिया है। 2001 में अण्डमान की यात्रा में मैंने पाया कि पोर्ट ब्लेयर का कमिश्नर एक युवा आईएएस अधिकारी था जो तमिलनाडु का था, जिसने बरेली से पशु विज्ञान में पढ़ाई की थी और वह दिल्ली में नियुक्ति के इन्तज़ार

में था। उसका ड्राइवर पंजाब का सिख था। प्रोटोकॉल अधिकारी जयपुर का ईसाई था। मानव संग्रहालय का निदेशक बिहार का था, और वह अपनी अगली नियुक्ति की तैयारी कर रहा था जो शिलाँग में होने वाली थी। कुख्यात सेल्युलर जेल में हमारा जो गाइड था वह केरल का था। मछलीघर का जो प्रबन्धक अधिकारी था वह बंगाल का रहने वाला था। पोर्टब्लेयर से बाहर जाने वाले हवाई जहाज में हम जिस लड़की से मिले उसने हमें बताया कि—उसके सिख पिता ने यह फैसला किया कि वे अण्डमान में रहेंगे और उसने खुद यह तय किया कि वह अपना घर छोड़ कर चेन्नई जायेगी और वहाँ से कम्प्यूटर में डिग्री लेगी।

भौतिक रूप से एक जगह से दूसरी जगह जाने में जो क्रान्ति जैसा घटित हुआ है, और उसके साथ अखिल भारतीय पहचानों का उदय हुआ है जो राष्ट्रीय पहचान का हिस्सा है न कि महज जातीय सम्बन्धों का। यह प्रक्रिया वैसे तो धीमी रही है, लेकिन रेडियो, सिनेमा, टेलिविज़न, मीडिया, फ़ैशन, देश के अन्दर बढ़ता पर्यटन और राज्यव्यापी जीवन शैली की प्रवृत्तियाँ इसकी निर्णायक शक्तियाँ रही हैं। प्रसिद्ध भांगड़ा-पॉप गायक दलेर मेंहदी को यह जानकार बड़ा आश्चर्य हुआ कि केरल में उनके अल्बम ख़ूब बिक रहे हैं जहाँ लोग उनके गानों के एक वाक्य भी नहीं समझ पाते। इसी तरह, इडली-डोसा, जो परम्परागत रूप से दक्षिण भारत में ही पाये जाते थे, का उत्तर भारत में बढ़िया बाजार है, और बटर चिकेन पंजाब की सीमाओं से निकल कर दूर-दूर तक जा चुका है। जाति की दिखने वाली पहचानों की जगह अधिकांश शहरी हिन्दुस्तानी, और ख़ासकर युवा एक समान भाव से सफारी सूट और सलवार कमीज या टी शर्ट एवं अनौपचारिक कपड़ों में दिखाई दे जाते हैं। सबसे बढ़ कर, समस्त मध्य वर्ग उपभोक्तावादी लहर की गिरफ़्त में है जो जातीय शुद्धताओं को बचाने के बजाय भौतिक सफलता पर अधिक ज़ोर देता है। लोग अपार्टमेंट में बिना इस बात को जाने फ़्लैट खरीदते हैं कि बगल में कौन रहता है; वे अधिक-से-अधिक काम करके कमाना चाहते हैं, चाहे उनको नौकरी देने वाला किसी भी जाति का हो; वे उस वस्तु का उत्पादन करते हैं जो बिकता है, बाज़ार में जो मिलता है वे उसे खरीदते हैं, और इस बात की परवाह नहीं करते कि उनकी जाति में किस चीज़ की मनाही है। यह मध्यवर्ग, जो

अवसरों को देखता रहता है, और ऊपर की और बढ़ रहा है, ऊर्जा से भरपूर इस वर्ग के पास उन पुरानी परम्पराओं के लिए कोई समय नहीं है जो उसके रास्ते में आते हैं।

धीरे-धीरे भारत के सलाद का कटोरा बहुरंगी हो चुका है, और इसके साथ ही इसने मध्य वर्ग को एक वर्ग के रूप में पहचान दी है और अब वह महज जातियों का समूह भर नहीं रह गया है। ऐसा नहीं है जातीय निष्ठा का अस्तित्व समाप्त हो गया है, लेकिन उसकी पकड़ पहले से ढीली हुई है। अगर लोगों का कोई समूह लगातार एक ही तरह के कपड़े पहनता है, एक ही तरह की फ़िल्में देखता है, एक ही तरह के अख़बार पढ़ता है, एक ही तरह की नौकरियों के लिए संघर्ष करता है, एक ही तरह के भोजन का आनन्द उठाता है, एक ही तरह की शिक्षा प्राप्त करता है, एक ही तरह के सामान की चाहत रखता है और एक ही तरह की भाषा बोलता है—हिंगलिश, इंग्लिश या टूटी-फूटी हिन्दी—उनकी एक वर्ग के रूप में पहचान बनी है जो एक समान है, निश्चयात्मक और आत्यन्तिक है, और सबसे महत्त्वपूर्ण यह है कि इसका स्वरूप अखिल भारतीय है। इस वर्ग का जो सांस्कृतिक पदचिह्न है उसमें यह बदली हुई छवि दिखाई देती है। अगर पहले मध्यवर्ग कला सम्बन्धी रुचियों को लेकर आभिजात्य वर्ग का बन्धक बना हुआ था, आज वह बड़े निर्लिप्त भाव से निम्नभ्रू है, उसमें शास्त्रीय होने की कोई तमन्ना नहीं है और वह ज़रूरतों से पैदा हुई है, न कि संरचित सिद्धान्तों के तौर पर। शुद्धतावादियों के लिए दुःख की बात यह है कि इसने हाइब्रिड होने की असीम सम्भावनाएँ प्रदर्शित की हैं, अक्सर पारम्परिक सांस्कृतिक सौन्दर्यशास्त्र के निम्नतम रूप के पहचान के तौर पर। इस नये मध्य वर्ग की सांस्कृतिक अभिव्यक्ति उसकी अभिवृत्ति, उसकी भावनाओं, वह जिस तरह के माहौल में रहता है और उसकी आवश्यकताओं के आधार पर तय हुई है। यह हबड़-तबड़ में बना है लेकिन स्वतःस्फूर्त रूप से, इसमें रोक-टोक के लिए कोई जगह नहीं है और इसमें नया-नया सम्भव करने की अकूत सम्भावना है। इसने दूर-दराज के भारतीयों को नये पहचान चिह्न दिये हैं, और इसका जुड़ाव रोज़-रोज़ के जीवन के हर पहलू से है। चाहे पहनावा-ओढ़ावा हो; खान-पान हो; कला, भाषा और मनोरंजन हो। इसकी नस्ल में जिस बात की कमी दिखाई देती है कि वह इस बात की समझ से पैदा हुए आत्मविश्वास से अधिक बनी है कि

ऐसा कभी नहीं हुआ कि एक ही पृष्ठभूमि के ज़्यादा लोग रोज़-रोज़ के जीवन के अधिक क्षेत्रों में एक भाषा में सांस्कृतिक संवाद कर पा रहे हैं।

यह बड़ा समरूप वर्ग आश्चर्यजनक रूप से युवा भी है। 2011 के आधिकारिक जनगणना आंकड़ों से यह पता चलता है कि 50 प्रतिशत भारतीय 25 वर्ष से कम उम्र के हैं। यह भारत को दुनिया के सबसे युवा देशों में एक बनाता है। मध्यवर्ग का प्रतिशत भी जबरदस्त है, करीब 25 के आसपास, जिसमें अधिकतर की औसत आयु 18 से 25 के बीच की है। भारत के लिए यह बहुत बड़ी परिघटना है इसकी आबादी का इतना बड़ा हिस्सा शिक्षित और महत्वाकांक्षा से भरपूर है और जो युवा भी है। इससे जो एक तार्किक सूझ उभरती है वह यह कि पहली बार मध्य वर्ग का बहुत बड़ा तबका है जो पिछले दो दशकों के अनुभवों के बीच बड़ा हुआ है। असल में, पिछले चुनाव के बाद से अब तक छह करोड़ मतदाताओं ने पंजीकरण करवाया है। उनकी स्मृति, और उनसे कुछ पहले वालों की स्मृति में वह है जो भारत में आज बदला है, न कि वह जो 1947 में इतिहास द्वारा गढ़ा गया था। इसी तरह, उनकी आकांक्षाएँ इस बात पर आधारित हैं जिनके बारे में उनको लगता है कि उनका हक़ है, न कि उनके अभिवावकों और दादा-नाना ने कई दशक पहले जो परिभाषित कर दिया था। विश्वदृष्टि, ऊँच-नीच की संरचना में, सामाजिक बन्धन, सफलता के अर्थ और सम्मान में और मूल्य व्यवस्था में बदलाव की हवा चल रही है, उस मध्य वर्ग में जो प्रकट तौर पर एकायामी है।

इस अभूतपूर्व युवा, और सांस्कृतिक तौर पर एकरूप वर्ग के रूप में इसकी संख्या में वृद्धि हो रही है और हाल की दो घटनाओं की वजह से इस वर्ग ने अपनी जबरदस्त पहचान दर्ज की है : संचार क्रान्ति और बड़े पैमाने पर मीडिया का उभार, ख़ासकर इलेक्ट्रॉनिक मीडिया का। यह कल्पनातीत है जिस तरह का बदलाव इन दो क्षेत्रों में आया है। 1948 में भारत में कुल 80 हजार टेलीफ़ोन थे; पहली बार उपभोक्ता द्वारा डायल किये जाने की सेवा की शुरुआत 1960 में हुई, वह भी प्रायोगिक तौर पर लखनऊ और कानपुर के बीच; 1971 में टेलीफ़ोन की संख्या बढ़ कर लगभग दस लाख हो चुकी थी। 1991 में जब आर्थिक सुधारों की शुरुआत हुई तब देश में लैंडलाइन

फ़ोन कनेक्शन पाँच गुना और बढ़ कर 50 लाख हो चुका था। धीरे-धीरे हो रहे विस्तार की पृष्ठभूमि में पहला मोबाइल फ़ोन 1 जुलाई 1996 को आरम्भ किया गया। अगले दस सालों में मोबाइल फोन की संख्या बढ़ कर 20 गुनी हो गई। सरकार की समर्थक नीतियों, निजी सेवा प्रदाताओं के प्रवेश और उनके बीच जबरदस्त प्रतिस्पर्धा के कारण दुनिया में सबसे सस्ती कॉल दरें उपलब्ध हुईं, जिससे माँग इस कदर बढ़ी कि उसके बाद इस क्षेत्र का जबर्दस्त विस्तार हुआ। 2001 में उपभोक्ताओं की संख्या तीन करोड़ सत्तर लाख थी जो 2009 में बढ़ कर 35 करोड़ तक हो गई और 2012 तक वह बढ़ कर 95 करोड़ तक पहुँच गई। चीन के बाद दुनिया में उपभोक्ताओं का यह सबसे बड़ा आधार है।

सामाजिक मीडिया में भी इसी तर्ज़ पर वृद्धि हुई है। भारत में इण्टरनेट की शुरुआत 1995 में हुई। इण्टरनेट के कुल उपभोक्ताओं की संख्या महज 10 हज़ार थी। यह बढ़ कर आज 13 करोड़ 70 हो चुकी है, जिसमें 4 करोड़ उपभोक्ताओं की पहुँच ब्रॉडबैंड तक है और वे किसी-न-किसी सोशल मीडिया साईट पर सक्रिय हैं : फेसबुक, ट्विटर, इन्स्टाग्राम या यूट्यूब। सोशल मीडिया में मजबूती के साथ वृद्धि हो रही है प्रतिवर्ष करीब 40 प्रतिशत के दर से, जबकि तब भी प्रतिव्यक्ति के रूप में भारत में इण्टरनेट की पहुँच अभी कम है, यही कहना सही लग सकता है कि अधिकांश मध्यवर्ग आज इण्टरनेट का प्रयोग कर रहा है।

संचार क्रान्ति हमारी आँखों के सामने बहुत कम समय में अभूतपूर्व तौर पर घटित हुई है। मध्यवर्ग में आम तौर पर लगभग सभी किशोर और परिपक्व व्यक्ति के पास मोबाइल फ़ोन है, और हाल में ही वे तत्काल सम्पर्क की सुविधा से सशक्त बने हैं, देश भर में या अक्सर बाहर तक भी। अगर इसकी तुलना महज कुछ समय पहले तक के हालात से करें, उस समय टेलीफ़ोन की सुविधा को प्राप्त कर पाना बहुत मुश्किल था और ट्रंक कॉल कर पाना तो बहुत महँगा होता था और उस सुविधा का उपयोग कम ही लोग कर पाते थे, देखें तो यह सचमुच बहुत बड़ा बदलाव है। सोशल मीडिया में तेज़ी से हुई वृद्धि, जिसने तत्काल सम्पर्क किये जाने को वहाँ तक पहुँचा दिया जिसके बारे में एक दशक पहले तक कल्पना भी नहीं की जा सकती

थी, जो इस अभूतपूर्व क्रान्ति में एक और आयाम जोती है।

टेलीफ़ोन और सोशल मीडिया के विस्तार के साथ साथ टेलिविज़न की पहुँच भी बड़े पैमाने पर बढ़ी है। एक बार फिर, यहाँ हम इस बात का उदाहरण देते हैं कि पिछले दो-एक दशकों में इसमें किस कदर वृद्धि हुई है। इस क्षेत्र में भारत में शुरुआत देर से हुई। पहला टेलिविज़न प्रसारण 15 सितम्बर, 1959 को प्रायोगिक तौर पर किया गया; 1975 में देश के केवल सात शहरों में ही टेलिविज़न के प्रसारण देखे जा सकते थे; पहला राष्ट्रीय प्रसारण 1982 में हुआ, उसी साल भारत में रंगीन टेलिविज़न प्रसारण की शुरुआत हुई, लेकिन यह वह दौर था जब दूरदर्शन एकमात्र प्रसारक था। असली विस्तार आरम्भ हुआ 1991 में जब निजी और विदेशी प्रसारकों को सीमित तौर पर प्रसारण की अनुमति दे दी गई। आज, देश में करीब 650 चैनल हैं, जिनमें से करीब 200 पे चैनल हैं; अंग्रेजी, हिन्दी सहित लगभग हर भाषा में आज चैनल हैं; उनमें से कुछ 24 घण्टे प्रसारित होने वाले चैनल हैं; और उन सबकी मिली-जुली पहुँच बहुत बड़ी है। एक अरब से अधिक आबादी वाले देश में कुल परिवारों के 80 प्रतिशत तक टीवी की पहुँच है, और उनमें से 70 प्रतिशत की पहुँच सैटेलाईट, केबल और डीटीएच सेवाओं तक है।

जिसका आवश्यक तौर पर यह मतलब हुआ कि मध्य वर्ग में ऐसा कोई भी नहीं है जो 24 घण्टे प्रसारित होने वाला कम-से-कम एक समाचार चैनल न देख रहा हो, शायद उससे भी अधिक भी देखते हों। उसके माध्यम से वह देश के किसी हिस्से में घटी किसी भी घटना के बारे में तस्वीर के साथ दिन या रात के किसी भी समय जानकारी पा सकते हैं। इस तत्काल समाचार सम्पर्क के प्रभाव को समझा जा सकता है। दिसम्बर 2012 में नई दिल्ली में एक सर्द शाम एक लड़की का बलात्कार कर दिया गया था और पूरे देश में तत्काल उसका विरोध करने के लिए उठ खड़े हुए थे, और मध्य वर्ग—चूँकि वह लड़की उस वर्ग की थी—महिलाओं की सुरक्षा के लिए राजधानी में प्रदर्शन करने लगा, और सारे देश में मध्यवर्ग इस विरोश प्रदर्शन का हिस्सा हो गया। जब भ्रष्टाचार मुक्त भारत के लिए अन्ना हजारे दिल्ली में उपवास कर रहे थे, तो हर मध्यवर्गीय परिवार में 24 घण्टे उसको लाइव

दिखाया जा रहा था। बड़े पैमाने पर इस अनवरत सहभागिता के साथ-साथ मोबाइल फोन पर प्रतिक्रिया और चेतावनियों को साझा किया जाता रहा और सोशल मीडिया पर उसको लेकर बहसें चलती रहीं। इस तरह अगर मध्यवर्ग चाहे तो सैटेलाईट के उपयोग के माध्यम से देश भर में अपनी चिन्ताओं को तत्काल प्रभाव से प्रसारित कर सकता है और उस मुद्दे से अवगत भी हो सकता है जो देश के किसी भी हिस्से में इस वर्ग को आन्दोलित कर रहा हो। इस नये-नये सशक्त हुए वर्ग ने पहली बार इस बात के संकेत दिये हैं कि वह अपने सीमित सामाजिक दायरे से बाहर निकल कर हरकत में आ रहा है। पारम्परिक तौर पर मध्यवर्ग के सदस्यों ने ऐसे किसी भी मसले को लेकर कभी भी उत्साह नहीं दिखाया जिसमें तात्कालिक रूप से उसकी रुचि हो। मोटे तौर पर वे निजी तौर पर ज़रूरतों को पूरा करने के स्तर पर रहते आये थे, और बड़े स्तर पर सामाजिक मुद्दे या सामुदायिक मसलों पर दूर ही रहते आये थे। हालाँकि स्वतन्त्रता आन्दोलन का नेतृत्व मध्य वर्ग के नेताओं ने किया था, और उसी पृष्ठभूमि के अनेक लोग उसके बाद राजनीति में आये, लेकिन कुल मिला कर यह वर्ग जुड़ने के लिहाज से राजनीति को गन्दा मानता आया, और उसने पहले से अनुमान लगाये जा सकने वाले, नीरस एवं पारम्परिक पेशे को ही प्राथमिकता दी। सामाजिक मुद्दे, बाहरी राजनीति को यूटोपियाई और ऐसे आदर्श के रूप में देखा जाता था जो अनुत्पादक आदर्श के समान समझा जाता था। इस बात का पहला संकेत मिला 1999 में जेसिका लाल मामले में कि मध्यवर्ग इसमें सक्षम था कि वह व्यक्तिगत हितों से हट कर भी आन्दोलन कर सकता था। जब एक न्यायालय ने मनु शर्मा को, जो एक प्रभावशाली राजनेता का बिगड़ा हुआ बेटा था, अभियोग-मुक्त कर दिया, जिसने 29 अप्रैल 1999 को नशे की हालत में गुस्से में आकर युवा और देखने में सुन्दर जेसिका लाल के सर में गोली मार दी, वह भी असंख्य लोगों की मौजूदगी में, महज इतनी-सी बात पर क्योंकि उसने शराब देने से मना कर दिया था, तब मध्य वर्ग ने सार्वजनिक तौर पर अपना गुस्सा जताया था। संचार क्रान्ति अपना गुस्सा जताने के लिहाज़ से मूल्यवान सहयोगी बन गया है। मीडिया की पहुँच बढ़ी है, ख़ासकर इलेक्ट्रॉनिक मीडिया की, जिनकी टीआरपी की लड़ाई के कारण कोई-कोई मुद्दा देश का सबसे महत्वपूर्ण मुद्दा लगने लग सकता है, और यह भी एक महत्वपूर्ण पहलू है। हफ़्तों तक टेलिविज़न चैनलों पर इस बात

को लेकर मतदान होता रहा कि अभियोग मुक्ति पर लोगों की क्या राय है; इस बात को सुनिश्चित करने के लिए समितियाँ गठित की गईं कि जेसिका को न्याय से वंचित न होना पड़े; मोमबत्तियों के साथ सार्वजनिक स्थलों पर प्रदर्शन आयोजित किये गये, जिनमें नागरिक कल्याण समितियाँ भी शामिल थीं। आखिरकार, इस मामले में उच्च न्यायालय में अपील दायर की गई और वहाँ निचली अदालत के उस फैसले पर दो जजों की बेंच बिठा दी गई और उसने मनु शर्मा को 20 दिसम्बर 2006 को आजीवन कारावास की सजा सुनाई। बिला शक, यह मध्य वर्ग की महत्वपूर्ण जीत थी।

एक दूसरा उदाहरण इस बात का जिसने मध्यवर्ग की इस योग्यता का प्रदर्शन किया कि वह किसी बड़े मुद्दे पर हाथ मिला सकता है, 2011 में जब जाने-माने गाँधीवादी नेता अन्ना हजारे ने आम तौर पर सार्वजनिक जीवन में भ्रष्टाचार के ख़िलाफ़, और ख़ासतौर लोकपाल विधेयक को लागू करवाने को लेकर अपने आन्दोलन की शुरुआत की। असामान्य रूप से, सामान्य मध्यवर्ग के लोग उनके अभियान के समर्थन में निकल कर सामने आ गये। इन तथ्यों के ऊपर ध्यान दीजिए। 19 अगस्त 2011 को 80 हजार प्रदर्शनकारी सड़कों पर थे, और जिनमें से अधिकतर मध्यवर्ग से ताल्लुक रखने वाले थे। यह वह दिन था जब हजारे को तिहाड़ जेल से रिहा किया गया था और उनको गाड़ी से रामलीला मैदान लाया गया था। जो विरोध प्रदर्शन उन्होंने शुरू किया था उसकी लपट देश भर के 200 शहरों तक फैल गई थी। फेसबुक पर करीब 4 लाख लोग उनके अभियान को समर्थन दे रहे थे। निर्धारित किये गये फ़ोन नम्बर पर मुम्बई में करीब डेढ़ करोड़ फ़ोन उनके समर्थन में किये गये। और निर्लिप्त रहने वाले दक्षिण दिल्ली में करीब 20 नागरिक कल्याण समितियों ने मोमबत्ती के साथ प्रदर्शन करके उनके साथ अपनी आवाज़ मिलाई। हालाँकि उसके बाद मुम्बई और अन्य स्थानों पर उनका जो प्रदर्शन हुआ उसमें कम लोग आये, और वैसे तो आन्दोलन अब टूट चुका है, तो भी यह मानना गलत होगा कि मध्यवर्ग के साथ सामूहिक तौर पर जो तार जुड़ गया था वह टूट चुका है। इसका एक जीता जागता उदाहरण है दिसम्बर 2013 में दिल्ली राज्य चुनावों में आम आदमी पार्टी की शानदार सफलता। करिश्माई नेता अरविन्द केजरीवाल के नेतृत्व में आम आदमी पार्टी का जन्म अन्ना हजारे द्वारा चलाये जा रहे भ्रष्टाचार विरोधी

आन्दोलन से हुआ था। जबकि अन्ना ने संस्थानिक राजनीति के ढाँचे से बाहर रहकर अपना आन्दोलन चलाते रहने को प्राथमिकता दी, अरविन्द केजरीवाल के नेतृत्व में एक धड़ा टूट कर चुनावी राजनीति में आ गया, और उसने जिस पैमाने पर समर्थन हासिल किया जिसने दोनों मजबूत पार्टियों, कांग्रेस और भाजपा, को चौंका कर रख दिया। 'आप' के प्राथमिक एजेंडा को समर्थन देने के पीछे मध्य वर्ग का स्वयंसेवी भाव था, जो था साफ़ अधिक जन-केन्द्रित राजनीति करना, जो शुरू से ही बहुत पारदर्शी था।

महिलाओं की सुरक्षा का मुद्दा एक और मुद्दा है जिसने मध्य वर्ग के सार्वजनिक कार्यकर्ता भाव को भड़काया था। 16 दिसम्बर 2012 की एक ठण्डी रात 23 साल की एक लड़की दक्षिण दिल्ली के साकेत मॉल में 'लाइफ ऑफ़ द पाई' फ़िल्म देखकर अपने पुरुष मित्र के साथ घर लौट रही थी। दोनों एक निजी बस में चढ़े जिसमें छह पुरुष मौजूद थे। उनके घुसने के बाद उन्होंने उसकी जम कर पिटाई की और उसका सामूहिक तौर पर बलात्कार किया, उसके पुरुष मित्र को मार कर बेहोश कर दिया। अपना काम कर लेने के बाद उन्होंने दोनों पीड़ितों को बस से बाहर फेंक दिया। बुरी तरह घायल वह लड़की, जिसकी आँतें बाहर निकली हुई थी, अपने घायल पुरुष मित्र की मदद से पुलिस को फ़ोन करने में सफल रही और फिर वह अस्पताल पहुँची। उसने मजबूती के साथ संघर्ष किया, मगर उसके जख़्मों के कारण 13 दिनों के बाद उसकी मौत हो गई।

इस बर्बर अपराध की पीड़िता को 'निर्भया' का नाम दिया गया, ताकि उसकी पहचान को छिपाया जा सके, वह भी मध्य वर्ग की नई सदस्य थी। वह उत्तर प्रदेश के बलिया जिले के एक छोटे-से गाँव से आती थी, और फिजियोथेरपी की इण्टर्न थी। उसको पढ़ाने के लिए उसके पिता ने अपनी खेती की जमीन बेच दी थी और दिल्ली में एक निजी कम्पनी में लोडर का काम करते थे। उसके साथ जो कुछ घटित हुआ उसने देश भर में मध्यवर्ग में विरोध की अप्रत्याशित लहर पैदा कर दी। हज़ारों लोग, जिनमें बड़ी संख्या में युवा थे, इण्डिया गेट और रायसीना हिल पर जुटने लगे, जो देश में राजनीतिक सत्ता के केन्द्रों संसद, प्रधानमन्त्री कार्यालय और राष्ट्रपति निवास

के बहुत पास थे, और वहाँ पहुँच कर वे इस बात का विरोध करने लगे कि सरकार द्वारा महिलाओं को कितनी कम सुरक्षा प्रदान की जाती है। पुलिस ने उनके ऊपर लाठियाँ बरसाईं, और आँसू गैस तथा पानी के फव्वारे छोड़े, लेकिन वे वहाँ डटे रहे। प्रशासन ने छह मेट्रो स्टेशनों को बन्द कर रखा था, कर्फ़्यू लगा दिया, सड़कों को रोक दिया ताकि लोग घरों से न निकल पायें, लेकिन इन सबका कोई असर नहीं हुआ। इस घटना के विरोध में हज़ारों लोगों में ऑनलाइन अर्जी पर हस्ताक्षर किये। लोकप्रिय सम्पर्क साइटों फेसबुक तथा ह्वाट्सऐप विरोध की जन भावनाओं से भर गया। एक युवा कार्यकर्ता ने जन्तर-मन्तर के पास भूख हड़ताल शुरू कर दी। राष्ट्रव्यापी मीडिया प्रसारण पर एक तरह से इस आन्दोलन का एकाधिकार हो गया। कई दिनों तक घरों में ऐसे दृश्य दिखाए जाते रहे जिसमें प्रदर्शन करते लोग होते थे, पुलिस के साथ उनकी झड़पों की तस्वीरें होती थीं।

यह कोई हैरत की बात नहीं थी कि आन्दोलन कोलकाता, चेन्नई, हैदराबाद, कोच्चि, तिरुअनन्तपुरम, मुम्बई और विशाखापत्तनम में भी फैल गया। ख़ामोशी के लिए जाने जाने वाले प्रधानमन्त्री मनमोहन सिंह को भी मजबूर होकर टेलिविज़न प्रसारण के माध्यम से लोगों से शान्ति बनाये रखने की अपील करनी पड़ी। सभी राजनीतिक दलों के नेताओं ने विरोध प्रदर्शन को लेकर बयान जारी किए। भाजपा ने यह माँग की कि इस मामले को लेकर संसद के एक विशेष सत्र को बुलाया जाये। यहाँ तक कि संयुक्त राष्ट्र के महासचिव ने भी भारतीय सरकार से कहा कि महिलाओं की सुरक्षा को ध्यान में रखते हुए वह आमूलचूल परिवर्तनों की शुरुआत करे। भारत की सीमा के पार एकता प्रदर्शित करने के लिए नेपाल, श्रीलंका, पाकिस्तान, बांग्लादेश में भी विरोध प्रदर्शन हुए। गुस्से से भरे उन विस्फोटक प्रदर्शनों के बीच सभी छह अभियुक्तों को पकड़ लिया गया और जल्दी फैसले के लिए उनके ऊपर फ़ास्ट ट्रैक कोर्ट में सुनवाई शुरू हुई। अदालत ने जुलाई तक सुनवाई पूरी कर ली, और 10 सितम्बर 2012 को सभी अभियुक्तों को बलात्कार एवं हत्या का दोषी पाया गया और उनको फाँसी की सजा सुनाई गई।

जो महत्वपूर्ण बात समझने की है वह यह कि ऊपर बताये गये हर मामले में—जेसिका लाल, अन्ना हजारे का भ्रष्टाचार के विरुद्ध आन्दोलन,

आप पार्टी का उभार, निर्भया मामला—मध्य वर्ग ने सार्वजनिक मुद्दों को लेकर अपनी परम्परागत उदासीनता को तोड़ते हुए एक नई तरह की जन भावना से भरपूर कार्यकर्ता भाव का प्रदर्शन किया। उनता ही महत्वपूर्ण यह है कि इसने जिस मामले को भी उठाया उसमें यह फ़र्क पैदा कर पाने में सफल रहा। जेसिका लाल के हत्यारे मनु शर्मा को सजा हुई और वह इस समय जेल में आजीवन कारावास की सजा काट रहा है। पिछले पाँच दशकों में आठ बार लोकपाल बिल को लाने की असफल कोशिश की गई थी, 18 दिसम्बर 2012 को उसे संसद ने आखिरकार पारित कर दिया। अरविन्द केजरीवाल के नेतृत्व में 'आप' को दिसम्बर 2013 में हुए दिल्ली विधानसभा के चुनावों में जबरदस्त सफलता मिली और 3 जनवरी को कांग्रेस के बाहर से समर्थन की बदौलत उनकी अल्पसंख्यक सरकार ने शपथ ली।

निर्भया के साथ हुई घटना के विरोध में जो माहौल बना था उसके कारण कई कार्रवाईयाँ हुई। 22 दिसम्बर 2012, उस भयानक घटना के कुछ दिनों बाद ही, सरकार ने एक आयोग का गठन किया जिसका काम यह देखना था कि महिलाओं की सुरक्षा को बेहतर बनाने की दिशा में क्या कुछ किये जाने की ज़रूरत है। आयोग के अध्यक्ष बनाये गये पूर्व मुख्य न्यायाधीश जे. एस. वर्मा, जिनसे कहा गया कि वे 30 दिनों के भीतर रपट तैयार करें। इसने 29 दिनों में अपनी रपट तैयार कर ली। इसके अलावा, उच्च न्यायालय के सेवानिवृत्त जज उषा मेहरा को यह कहा गया वे सुरक्षा में हुई उन चूकों की पहचान करें जिसकी वजह से निर्भया जैसी घटना हुई। केन्द्रीय गृह सचिव की अध्यक्षता में 13 सदस्यीय टास्क फ़ोर्स का गठन किया गया जिनको यह अधिकार दिया गया कि वे दिल्ली में महिलाओं की सुरक्षा से जुड़े मामलों को देखें। सबसे बढ़ कर, और जे. एस. वर्मा समिति रपट के नतीजतन आपराधिक कानून (संशोधन) अध्यादेश 3 फरवरी 2013 को जारी किया गया ताकि लोगों के गुस्से को शान्त किया जा सके। इसकी वजह से भारतीय दण्ड संहिता, 1860 व दण्ड प्रक्रिया संहिता, 1973 में बलात्कार से जुड़े मामलों की कानूनी प्रक्रिया, गवाही प्रक्रिया और आपराधिक न्याय प्रक्रिया में महत्वपूर्ण बदलाव किये गए। इस अध्यादेश में यह प्रावधान भी किया गया कि बलात्कार के मामले में अधिकतम फाँसी तक की सजा दी जा सकती थी। सफलताओं के इन उदाहरणों के अलावा, हमारे पास

वह मध्य वर्ग है जो पहले से भी अधिक गुस्से में है। इसके कई कारण हैं। पहला, इसको सच में आर्थिक मन्दी से नुकसान हुआ है। 1991 के बाद हुए आर्थिक सुधारों के बाद के दौर में जब आर्थिक विकास तेजी से हो रहा था, तो नौकरियों के नये अवसरों और बढ़ी हुई तनख़्वाहों का फायदा ज़्यादातर मध्य वर्ग को हुआ। अब जबकि विकास दर 5 प्रतिशत से नीचे जा रही है, तो नौकरियों के अवसरों में 20 प्रतिशत की कमी आयी है। दूसरे, आम मध्यवर्गीय व्यक्ति बढ़ती कीमतों से बुरी तरह से प्रभावित हुआ है। आर्थिक मन्दी के कारण आय में वृद्धि नहीं हो रही है, मगर मुद्रास्फीति 9 से 10 प्रतिशत की दर से बढ़ रही है। तीसरे, यह आम धारणा है कि शासन का काम सुचारु रूप से नहीं चल रहा है। चूँकि शिक्षित वर्ग मीडिया की रपटों पर नज़र बनाये हुए है कि किस तरह से निर्णय लेने में अपनी राजनीतिक आकांक्षाओं के लिए राजनीतिज्ञ छोटे-छोटे छल-कपट में लगे रहते हैं, मध्य वर्ग के भीतर गहरे यह बात बैठ गयी है कि उनका अवसर खोता जा रहा है, ख़ासकर उसके दृष्टिकोण से इस अक्षमता के कारण नकारात्मकता पैदा हुई है। चौथे, अनेक सालों से आगे की कतारों में बैठ कर मध्यवर्ग आदर्श और शुचिता में गिरावट को देख रहा है, महसूस कर रहा है और इसकी वजह से उसके अन्दर एक उग्र किस्म की नफ़रत भर गयी है, जो जुगाड़ की राजनीति और जोड़-तोड़ के ख़िलाफ़ है। छठे, अनेक भारी घोटालों ने हाल के वर्षों में सरकार की कारगुजारियों को उजागर कर दिया है, मध्यवर्ग सार्वजनिक जीवन में बढ़ते भ्रष्टाचार के स्तर से आन्दोलित ही चुका है, और इस बात से कि व्यवस्था दोषियों को सजा दिलवा पाने में असफल साबित होती है। और, आखिरकार, जनता की सुरक्षा एवं कानून और व्यवस्था का मुद्दा आन्दोलन का विषय बना हुआ है। आम तौर पर यह मध्यवर्ग का दृष्टिकोण बन चुका है कानून को लागू करवाये जाने की व्यवस्था ढह चुकी है, और कानून के इस अजेय जंगल की सबसे बड़ी शिकार महिलाएँ हैं। नया मध्यवर्ग इसलिए संख्या के मामले में अधिक बड़ा है; अधिक समरूप एवं एकीकृत रूप से अखिल भारतीय मुख्य धारा से जुड़ा हुआ है; जनसंचार और मीडिया क्रान्ति के कारण इसकी ताकत में असीम वृद्धि हुई है; यह युवा है; बेचैन है; और समाज में ऊपर बढ़ने के लिए मौकों की तलाश कर रहा है; यह अतीत से कटा हुआ है, इसने जन सक्रियता की क्षमता का प्रदर्शन किया है; और यह वर्ग कभी भी इतने गुस्से में नहीं था। ये सभी कारण मिल कर एक विस्फोटक

मध्यवर्ग का निर्माण करते हैं। यह भविष्य में क्या दिशा लेगा? क्या इसका गुस्सा और इसकी सम्भावना किसी नाटकीय, क्रान्तिकारी, रचनात्मक बदलाव को सम्भव कर पायेगी? या यह दिशाहीन, छिटपुट रूप से अपने गुस्से का प्रदर्शन करती रहेगी बिना किसी अपने वैकल्पिक दृष्टिकोण के? क्या यह खेल बदलने वाला साबित होगा, या किसी के स्वार्थी खेल का महज हिस्सा बन कर रह जायेगा? ये सवाल महत्वपूर्ण हैं जो नये मध्यवर्ग के सामने बने हुए हैं। और यह अपने कर्तव्यों के मामले में असफल साबित होगा अगर वह रुककर, आत्मनिरीक्षण और इन सवालों पर विचार नहीं करता है।

अध्याय-2

इसी तरह, अपनी शक्तियों एवं प्रभाव के उपयोग के सन्दर्भ में आगे मध्यवर्ग की भूमिका क्या है? यह सवाल महत्वपूर्ण है क्योंकि अतीत और वर्तमान, और भविष्य की सम्भावना, एकदम स्पष्ट खानों में नहीं रहते हैं। अतीत से बहुत कुछ सबक लिया जा सकता है। ये सबक वर्तमान के लिए प्रासंगिक होते हैं, और अगर इनका सही ढंग से आभ्यन्तरीकरण किया जाये तो वे भविष्य के कार्यव्यापारों को प्रभावित कर सकते हैं। नया मध्यवर्ग, हालाँकि अनेक मामलों में गुणात्मक रूप से भिन्न है, आवश्यक रूप से वृहत सत्ता का उत्पाद है, और यह आवश्यक है कि उसके विकासक्रम का ठीक तरीके से अध्ययन किया जाये ताकि आज उसके सम्भावित व्यवहार को समझा जा सके। भारतीय स्वाधीनता आन्दोलन, जिसका नेतृत्व महात्मा गाँधी ने किया था, एक ख़ास तरह के आदर्शवाद से आप्लावित था। अंग्रेज़ों के ख़िलाफ़ संघर्ष में गाँधी जी के प्रभाव के कारण सत्ता के नैतिक उपयोग, सार्वजनिक ईमानदारी, व्यक्तिगत मितव्ययिता एवं दूरगामी सामाजिक बदलाव के ऊपर बहुत बल था। स्वाधीनता आन्दोलन के अधिकांश नेता मध्यवर्ग से आते थे, और 1947 के बाद मध्यवर्ग कुल मिला कर उच्च भावना से भर गया। नैतिक रूप से इस उच्च भूमि के आवश्यक पहलू थे नैतिक सार्वजनिक जीवन में विश्वास, आत्म रहित नेतृत्व, भौतिक सम्पत्ति को तुच्छ समझना, शिक्षा के उच्च मूल्य, तथा आडम्बरपूर्ण जीवन से जान-बूझ कर दूरी।

इस भावुकता के ख़त्म होने में अधिक समय नहीं लगा। ऊँची नाक वाली राजनीति का औचित्य पहले पहल जवाहरलाल नेहरू युग के आख़िरी सालों में दिखने लगा। फिर, 1966 में लालबहादुर शास्त्री की मृत्यु के बाद (वे महज डेढ़ सालों तक ही प्रधानमन्त्री रहे) और इन्दिरा गाँधी के सत्ता में

आने के बाद, जो उनके समर्थकों तथा सिंडिकेट के नाम से जाने जाने वाले पुराने कांग्रेसियों में हुए संघर्ष के कारण सम्भव हुआ, राजनीतिक जीवन में आदर्श का रहा सहा दिखावा भी जाता रहा। व्यंग्यपूर्वक बनाई गई अफ़वाहें और ताने, आरोप-प्रत्यारोप, 'प्रगतिशील' तथा 'प्रतिक्रियावादी' जैसे ठप्पों के मनचाहे उपयोग, तथा किसी भी विचारधारात्मक मान्यताओं से ऊपर व्यक्तिगत निष्ठाओं का महिमामण्डन, ये कुछ ऐसे कारण रहे जिनकी वजह से सार्वजनिक जीवन में आदर्शवाद की ज़रूरी भूमिका में विश्वास हमेशा के लिए जाता रहा।

राजनीतिक रूप से मची खलबली का पहला प्रभाव 1967 के आम चुनावों के बाद उस विखण्डन में दिखाई दिया, जब राजनीतिक सत्ता पर से कांग्रेस पार्टी का वह एकाधिपत्य जाता रहा जो 1947 से बना हुआ था। कई राज्यों में, गैर-कांग्रेसी सरकारें सत्ता में आयीं। ये राष्ट्रीय स्तर पर नये हितों की माँग का प्रतिनिधित्व करते थे, और उनके ऊपर अतीत की स्मृतियों और विरासत का कम बन्धन था। सबसे बढ़ कर, उन्होंने उनके द्वारा सिद्धान्तों के विचलनों का आभ्यन्तरीकरण किया, उनकी नक़ल करने का काम किया जो इन मामलों में मानक की तरह समझे जाते थे यानी कांग्रेस का। जिसका नतीजा यह हुआ कि देश अनेक हिस्सों में अवसरवाद एवं ख़रीद-फ़रोख़्त का छिछला प्रदर्शन हुआ, जहाँ गठबन्धन बने, टूटे और फिर बन गये, सभी सिद्धान्त हवा में बिख़र गये। आज़ादी एक बाद पहली बार इस बात का सबको पता चल गया कि चुने गये प्रतिनिधि पैसे के बदले पाला बदलने के लिए तैयार थे। हरियाणा में आयाराम गयाराम की राजनीति की शुरुआत हुई जिसमें न कोई सिद्धान्त था न ही कोई निष्ठा। मध्यवर्ग न तो बेवकूफ़ था, न ही इस बात से अनजान कि क्या हो रहा था। इसने इस तरह के विकासों को दरकिनार कर दिया, और लगभग रोज़-ब-रोज़ उन्होंने आदर्शों एवं सिद्धान्तों को जोड़-तोड़ के स्तर तक गिरते हुए देखा। हमारे लिए ज़रूरत इस बात की है कि पीछे मुड़ कर देखें और ख़ुद से यह पूछें कि क्या आदर्शवाद में हुआ यह नाटकीय क्षरण कुछ ऐसा नहीं था जिसका मध्यवर्ग को जम कर विरोध करना चाहिये था। निश्चित तौर पर, यह पूरी तरह से असहाय नहीं था। इस वर्ग के लोग नौकरशाही में थे, मीडिया में थे, न्यायिक सेवा में थे, विश्वविद्यालयों में थे, और तब तक उद्योग धन्धे में भी पैर ज़माने लगे थे।

स्वाधीनता आन्दोलन की गहन राष्ट्रीयता तब तक स्मृतियों का हिस्सा बना हुआ था, और निश्चित तौर पर तब तक मध्य वर्ग इसका आदी नहीं हुआ था। फिर यह उस सबका मूक गवाह क्यों बना रहा जो कुछ हो रहा था, और उससे भी बुरी बात यह थी कि कई मायनों में यह उस गिरावट का हिस्सा बन गया? हालाँकि यह हमें आलोचनात्मक भी नहीं बनाता। किसी देश या समाज के विकास के किसी ख़ास दौर में लोग कुछ ऐसी चीज़ों का चुनाव कर सकते हैं जो भविष्य के विकास क्रम में अलग से दिखाई नहीं देता है। लेकिन, फिर भी, इतिहासकारों को अपने अतीत को प्रश्नों के दायरे में लाना चाहिए जिससे कि वे सही नतीजे पर पहुँच सकें। असल में बात यह है कि मध्यवर्ग ने इस साफ़ दिखाई देने वाले सार्वजनिक जीवन में आ रही गिरावट का मजबूती से विरोध नहीं किया, एक तरफ़ उसने खुद को इससे अलग-थलग भी रखा, और इसकी कमी की वजह से इसके साथ समझौता भी कर लिया। वह इससे अलग-थलग था इस बात से लगता है कि उन्होंने इसका कोई ख़ास विरोध नहीं किया। राजनीतिज्ञों को गन्दा कहा गया। ऐसा माना गया कि यह एक ऐसा घटिया काम है जो उनके लिए है जो किसी काम के नहीं। इसे साधारण तौर पर एक ऐसे काम के रूप में देखा गया जैसे उसने अपने अधिकार छोड़ दिए हों। राजनीति से पीछे हट कर अपने खोल में रहते हुए ध्यान लगाये रहा शिक्षा, अपने काम-धन्धे के माध्यम से स्व-रोजगार ताकि उसे अधिक स्थायी, अधिक सम्मानजनक काम से जुड़े, जिसमें अनिश्चितता कम हो। इस तरह की कोई कोशिश नहीं की गई कि नागरिक मंचों एवं अन्य सार्वजनिक मंचों पर एक वैकल्पिक राजनीतिक मूल्यों की बात की जा सके, सतत रूप से इसकी भी कोई आलोचना नहीं हुई या इसको लेकर भी कोई सवाल नहीं पूछे गये कि इस तरह सिद्धान्तों से दूरी क्यों बनाई गई। हुआ क्या, तो राजनीति से दूरी दिखाई गई, जो इस मान्यता पर आधारित था कि तालाब के कीचड़ को उसमें लोट लगाने वालों के सहारे छोड़ दिया जाना चाहिए। लेकिन बाहर खड़े तमाशाई की भूमिका में रहकर भी मध्यवर्ग इससे प्रभावित हुए बिना नहीं रह सका। इस प्रभाव के कारण, भारत में सामाजिक संरचनाओं को अपने अनुरूप करने के क्रम में राजनीतिक क्षेत्र को अनुपात से अधिक महत्व दिया गया। इस तरह, मध्यवर्ग एक तरफ राजनीतिक क्षेत्र के जोड़-तोड़ से दूर रहा, दूसरी तरफ़ वह उसकी कुछ मूल भावनाओं का आदी हो गया। इनमें से पहला था आदर्शवाद में हुई गिरावट।

गाँधीजी हमेशा यह कहा करते थे कि साधन भी उतने ही पवित्र होने चाहिए जितने कि साध्य। लेकिन राजनीति के खेल ने इस बात बड़ी मजबूती से प्रदर्शित कर दिया कि जो बात मायने रखती है वह यह है कि नतीजा क्या रहा, चाहे उसके लिए जो भी साधन अपनाये गये हों, उसके अलावा सब कुछ अनुत्पादी यूटोपिया था। इस प्रगतिशीलता को स्वीकार करने की दिशा एक छोटा कदम था जो उसके अपने व्यवहारों में मूल्यों एवं आदर्शों की घुलावट और मिलावट हो रही थी। इस प्रकार के विचारों को लेकर अति संवेदनशीलता के भाव को यह कहते हुए ख़ारिज़ कर दिया गया कि इस तरह की बातें ऐसी थीं जो वास्तविक दुनिया के यथार्थ से मेल नहीं खाती थीं। उसमें अतिसंवेदनशीलता एवं नकचढ़ेपन के लिए जगह नहीं थी। जब व्यवहार से विचलन अधिक से अधिक मूल्य के रूप में आम होता गया मध्यवर्ग इसका आदी होता गया कि उसकी मान्यताओं के संचय के रूप में किसी वैचारिक ढाँचे की ज़रूरत नहीं रह गई थी, लगभग पक्के तौर पर, जो किसी ईमानदार और सामाजिक रूप से उपयुक्त कार्य की शुरुआत कर सके। निजी सत्ता के लिए संघर्ष इतना साफ़ था कि वह दिखाई देता था, कम से कम मध्यवर्ग को, अपने उद्देश्यों की पूर्ति के लिए आदर्शों की बात बढ़-चढ़ कर किया करता था। और यह इतना प्रभावशाली साबित हुआ कि इसकी वजह से कांग्रेस के आन्तरिक सत्ता संघर्ष में इन्दिरा गाँधी विजेता के रूप में सामने उभर कर आयीं, जिसका दोहरा मतलब था : आदर्शवाद का इस्तेमाल निजी, संकीर्ण हितों के लिए किया जा सकता था, और ऐसा करना औचित्यपूर्ण और प्रभावी भी हो सकता था। इसके अधिक दिन नहीं हुए जब स्वर्गीय प्रधानमन्त्री इन्दिरा गाँधी ने कुख्यात इमरजेंसी को लागू किया तो उसमें साफ़ तौर पर विचारधारा का अभाव दिखाई दिया। 25 जून, 1975 की रात उन्होंने इस बात के ऊपर राष्ट्रपति की सहमति ले ली कि सभी जनतान्त्रिक अधिकारों को लम्बित रखा जाये। तत्काल, जयप्रकाश नारायण (जेपी), जो एक बुजुर्ग समाजवादी और गाँधीवादी स्वाधीनता सेनानी थे, ने इन्दिरा गाँधी के विपक्षियों के लिए थोड़ा-सा अराजक ढंग से 'सम्पूर्ण क्रान्ति' का नारा दिया, जिनको अपने तमाम सहयोगियों के साथ गिरफ़्तार कर लिया गया। पूरे देश में सेंसरशिप लगा दी गयी। विरोध की सम्भावना को ही ख़त्म कर दिया गया। रातोंरात दुनिया का सबसे बड़ा जनतन्त्र तानाशाही में तब्दील हो गया। भारत के महान मध्यवर्ग की तरफ से प्रतिरोध की किसी तरह की कोई कोशिश

भी नहीं दिखाई दी। ठीक 24 घण्टे पहले, जो बौद्धिक और शिक्षित तबका इन्दिरा गाँधी के अलोकतान्त्रिक तौर तरीके की निन्दा में लगा हुआ था, अब वह अपनी वैचारिक निष्ठा का सबूत देते हुए घुटनों के बल पर चलने लगा। इमरजेंसी लगने की पहली ही शाम यह साफ़ हो गया कि देश में किसी तरह का कोई प्रतिरोध नहीं था। जेपी का शक्तिशाली आन्दोलन रातोंरात गायब हो गया। सबसे मजेदार रहा मध्यवर्ग में अभिव्यक्ति की स्वतन्त्रता और विरोध के सबसे बड़े हामी पत्रकारों द्वारा किया गया आत्मसमर्पण। डॉम मोरेस ने इन्दिरा गाँधी की जीवनी में इस बात का वर्णन किया है कि क्या हुआ : 'राष्ट्रीय सम्पादकों को सेंसरशिप के सामने झुकने को मजबूर किया गया, लेकिन किसी ने सरकार के सामने सभी संस्थाओं के झुकाए जाने पर सवाल नहीं किया। बहरहाल, सम्पादकों को अख़बार मालिकों की तरफ़ से, आधीनता की पुरानी नीति पर चलने के लिए कहा गया, और वे वही बने रहे। जब तक इमरजेंसी समाप्त नहीं हो गयी तब तक सम्पादक की संस्था का सम्मान नहीं रहा।' इससे भी बुरा यह रहा कि श्रीमती इन्दिरा गाँधी की चापलूसी में मीडिया ने इतनी चाटुकारिता दिखाई कि उसने राष्ट्रीय मंच पर उनके दूसरे बेटे संजय गाँधी के आगमन की घोषणा कर दी। जबकि हाल तक उनकी मारुति परियोजना की जम कर निन्दा की जाती थी। लेकिन बाद में उनको मसीहा की तरह से देखा जाने लगा, युवा जोश के प्रतीक के रूप में, और साफ़ शब्दों में कहें तो उनकी माँ की नज़र में चढ़ने का सबसे बढ़िया जरिया उनको बनाया गया।

कुछ बुद्धिजीवी अपने निजी आकलन में उनके आलोचक बने रहे लेकिन उन्होंने चुप्पी को ही अपने साहस का प्रतीक बना लिया। अन्य लोगों ने यह सोचा कि बेहतर तरीके से इन्दिरा गाँधी के हुजूम में शामिल हो जाया जाये। स्वर्गीय कलाकार एम.एफ. हुसैन, कलाकार के रूप में जिनकी विश्वसनीयता के ऊपर कभी सवाल नहीं उठा, ने इन्दिरा गाँधी की बहुचर्चित पेंटिंग बनाई जिसमें उनको दुर्गा के रूप में चित्रित किया गया था, जो अपने सभी विरोधियों पर विजय हासिल कर रही थीं। केवल एक साल पहले तक वे जेपी की संसद तक निकाली गई विरोध यात्रा का हिस्सा थे।

देश भर में नौकरशाही ने, निचले और ऊँचे स्तर पर चुपचाप नये

शासन को स्वीकार कर लिया। जबकि कुछ अधिकारियों को व्यवहार में आये विचलन के लिए या ठीक तरीके से निष्ठा नहीं जताने के लिए परेशान भी किया गया, मजबूत राजनीतिक सत्ता और विरोध की कमी का सामान्य तौर पर कुनबे के दूसरे लोगों द्वारा स्वागत किया गया और यह कहा गया कि मजबूती के साथ शासन करना उचित था और अगर ज़रूरी पड़े तो मनमाने तरीके से भी। कुल मिला कर, यह इस बात का अच्छा उदाहरण है कि किस हद तक वैचारिक अनुर्वरता आ गयी थी, और किस तरह से भारत के मध्यवर्ग ने जनतन्त्र के इस निलम्बन को तत्परता से स्वीकार कर लिया। इसके अधिकतर लोगों ने जेपी के आन्दोलन को इसलिए स्वीकार किया था क्योंकि यह उनको आर्थिक असन्तुष्टि से मुक्ति का एकमात्र उपाय लग रहा था, ख़ासकर उनके रोज़-रोज़ के खर्चे में जिस तरह से वृद्धि हो रही थी। लेकिन इस आन्दोलन के द्वारा जो कभी ख़त्म न होने वाली राजनीतिक उथल-पुथल मचायी गयी, वह इस बात के बावजूद कि उसकी वैधता बरकरार थी, थकाने वाली साबित हो रही थी, और उसका बहुत अधिक ज़ोर नैतिकता पर था जो उबाऊ लगने लगा था। रातोंरात उनका रुख बदल गया। वे श्रीमती गाँधी की तरफ़ देखने लगे जो थोड़ी-सी सख़्ती के साथ सत्ता को लागू कर रही थीं, और जो दमघोटू जनतन्त्र के माहौल को पैदा कर अराजकता और अव्यवस्था के डर को कम कर रही थी। उनके शासन द्वारा जो अनेक कदम उठाये गये उनको उस वर्ग की साफ़ हामी थी। ट्रेन समय पर चल रही थीं; कुछ कुख्यात जमाखोरों एवं तस्करों को गिरफ़्तार कर लिया गया था; सट्टेबाजों के ख़िलाफ़ अभियान चलाया गया था; व्यापारियों को यह आदेश दिया गया कि वे सामानों की कीमत लिखें; उपभोक्ता वस्तुओं की कीमतों के ऊपर सख़्ती से निगरानी रखी जा रही थी; सरकारी अधिकारियों से यह कहा जा रहा था कि वे काम के मामले में समय का पालन करें और चाय पीने के लिए कम अवकाश करें; कानून व्यवस्था की हालत बेहतर हो गई थी और छोटे-मोटे अपराधी छिप गये थे; और भ्रष्टाचार कम से कम नियमबद्ध तरीके से होने लगा था और यह केवल उन लोगों तक ही सीमित होकर रह गया था जो सत्ता के करीब थे। 'डण्डे' के बल को कोई चुनौती देने वाला नहीं था। किसी जनतन्त्र से कोई और क्या उम्मीद कर सकता था?

इस बात का परीक्षण रोचक है कि क्यों संजय गाँधी के निरंकुश झुग्गी

हटाओ कार्यक्रम और छोटे परिवार के मानक को जबरदस्ती लागू करने के उनके प्रयास को मध्यवर्ग का इतना उत्साहवर्धक समर्थन मिला। झुग्गियों में रहने वाले लोग मध्यवर्ग से नहीं आते थे। वे गरीब थे, जिनके बारे में सामान्य तौर पर मध्यवर्ग की धारणा यह थी कि वे आसपास की सुन्दरता को ख़राब करते थे, बीमारी फैलाते थे, अपराधियों को संरक्षण देते थे, और नगरपालिका की सेवाएँ जो पहले से ही कम थीं उनके ऊपर दावा ठोंकते थे। अगर किसी तरह से उनको नज़र के सामने से हटा कर शहर के किसी कम जाने-माने इलाके में भेज देने से अच्छा ही होता। वैसे यह बात भी है कि मध्यवर्ग के परिवारों को बाथरूम साफ़ करने के लिए या कपड़े-बर्तन धोने के लिए नौकरों की ज़रूरत थी, और ऐसी सेवाएँ देने वाले अधिकतर लोग झुग्गियों में रहते थे (इससे यह समझ में भी आता है कि क्यों मध्यवर्गीय इलाकों एवं रईसों के इलाकों के आसपास झुग्गियों की आबादी होती है)। लेकिन इससे कोई फ़र्क नहीं पड़ता। उनके लिए अच्छा यह होता कि आँखों को दुःख पहुँचाने वाले ये नज़ारे उसकी नज़र के सामने से दूर हो जायें और वे झुग्गीवाले उनको अपनी सेवाएँ भी देते रहें। चाहे इससे उनको अपने नये वास स्थल से अपने मालिकों के यहाँ आने-जाने में पैसे भी खर्च हों तो यह उनकी समस्या थी। संजय गाँधी ने लालफीताशाही को कम करके उनको इंसानों के प्रति संवेदनशील बनाने का काम किया, ताकि मध्यवर्ग जिस तरह का माहौल चाहता था उसे वह मिल जाये। जाहिर है, इस प्रक्रिया में, कुछ अवांछनीय बल का प्रयोग भी करना पड़ सकता था, लेकिन इससे कुछ फ़र्क नहीं पड़ा। युवा व्यक्ति की नीति के ऊपर आवश्यक ज़ोर सही था तथा 'फासिस्ट' एवं 'अलोकतान्त्रिक' जैसे पद उसके बेहतर कामकाज पर कीचड़ उछालने की कोशिश भर थी। मध्यवर्ग के लोग यह भी सोचते थे कि गरीबों में चूहों की तरह अपनी संख्या दोगुनी करने की प्रवृत्ति होती थी। उनकी बढ़ती संख्या अर्थव्यवस्था के ऊपर बोझ बनता जा रहा था, जो विकास और समृद्धि के बीच बाधा बनते जा रहे थे जो नजदीक नज़र आने लगा था, लेकिन इस आम जनता की वजह से यह सम्भव नहीं लग पा रहा था। लम्बे समय से शिक्षा एवं आर्थिक विकास के माध्यम से उनकी संख्या में कमी की कोशिशें की जा रही थीं जिनका कोई असर नहीं पड़ा था। इस तरह के उपाय व्यवहारिक नहीं थे, और अगर यह काम करते भी तो उसमें काफ़ी समय लग सकता था। ज़रूरत थी किसी 'ठोस' कार्रवाई की, ताकि उनकी जनसंख्या में तेजी से वृद्धि

को रोका जा सके, चाहे इसके लिए उनके ऊपर बल प्रयोग भी क्यों न करना पड़े तथा उनके जनतान्त्रिक अधिकारों में कटौती करनी पड़ी। 'ऐसे लोगों' के साथ ऐसे ही उपायों से काम करना उचित रहेगा जो अन्धविश्वास और अज्ञानता में गहरे धँसे हों। इसलिए संजय गाँधी निरंकुश तरीके से जो परिवार नियोजन अभियान चला रहे थे जिसे करना उचित था। हमेशा की तरह, ज़्यादती और दुरुपयोग के कुछ उदाहरण ऐसे भी थे जिनको नजरअन्दाज़ नहीं किया जा सकता था। ऐसा होता है जब किसी नई नीति को सख़्ती से लागू किया जाता है। लेकिन जब तक यह इन 'अन्य सत्ताओं' के साथ हो रहा था तब तक सब सही था। जो महत्वपूर्ण बात थी जिसका सम्बन्ध इस सख़्ती से था वह शायद यह था कि इसकी वजह से उस 'अन्य भारत' का कम नुकसान हुआ जो आ गये थे या जो बड़ी बेताबी से वहाँ आने की प्रतीक्षा कर रहे थे। और यह इससे सम्बद्ध सभी लोगों के हित में था, जिसमें वे गरीब भी शामिल थे और कुल मिला कर यह देश भी! इसलिए, मध्यवर्ग को इससे कोई परेशानी नहीं थी कि जनतान्त्रिक अधिकारों को कम कर दिया जाये। यह इससे अधिक कुछ नहीं था कि तात्कालिक प्राथमिकताओं के आधार पर कुछ बातों को पूरा कर दिया जाये, जैसे ट्रेनों का समय पर चलना, या कुछ जमाखोरों और सट्टेबाजों की गिरफ़्तारी, और तानाशाही को लागू करने की वैचारिक भयावहता को समझ पाना। वैचारिक स्पष्टता के अभाव में, वह तानाशाही शासन का पिछलग्गू बनने को तैयार हो गया वह भी इस भ्रम में कि यह उसके हितों के लिए अधिक काम का था। इस चुनाव की कमी उन्हें तब समझ में आयी जब उन्होंने यह देखा कि उसके वर्ग के लोग भी जनतान्त्रिक अधिकारों के अभाव के कारण शासन द्वारा सत्ता के मनमाने उपयोग से प्रभावित हुए। 7 अगस्त 1990 को तत्कालीन प्रधानमन्त्री वी.पी. सिंह ने मण्डल कमीशन की रिपोर्ट को लागू करने की घोषणा कर दी, जिसमें राजनीतिक रूप से उग्र ग्रामीण मध्यवर्ती जातियों, जिनको आम तौर पर अन्य पिछड़ा वर्ग कहा जाता था, के लिए नौकरियों में आरक्षण का प्रावधान किया गया था। देश भर में प्रदर्शन शुरू हो गए और अगड़ी तथा पिछड़ी जातियों के विद्यार्थी रोजगार में अपने-अपने हिस्से के लिए सड़कों पर लड़ने लगे। लेकिन मध्यवर्ग के अन्दर की इस भीड़ में दोनों में से किसी भी पक्ष ने उनके बारे में अधिक नहीं सोचा जो उनके नीचे के तबके के थे, कि इससे उनको समाज में ऊपर चढ़ने का मौका मिलेगा। नव-धनाढ्य तथा राजनीतिक रूप

से उग्र 'पिछड़ी' जातियों, जिनकी पहचान मण्डल ने की थी, को सामाजिक न्याय की ज़्यादा चिन्ता नहीं थी जिसकी वजह से उनके अपने हितों का संघर्ष उनके हितों से होता जिनका उनको प्रवक्ता बनना चाहिए था : बड़ी तादाद में गरीब और सामाजिक रूप से दमित किसान वर्ग के लोग दलित तथा अन्य पिछड़े वर्ग से आते थे, जो पूरी तरह से वंचित अवस्था में जी रहे थे। न ही मध्यवर्ग को इस बात की कोई ख़ास चिन्ता थी कि मण्डल कमीशन की रपट की दो अन्य प्रमुख अनुशंसाओं को लागू कर दिया जाए, जो थे भूमि सुधार एवं शिक्षा के अवसरों का विस्तार। अन्य पिछड़े वर्ग के लिए आरक्षण की शायद ज़रूरत थी, लेकिन देश यह भी देख रहा था कि परम्परागत एवं नई सशक्त बनी लाभार्थियों में अशोभनीय किस्म का संघर्ष चल रहा था कि जो कुछ उपलब्ध है उसको हड़प लें, और आनन्द की इस गतिविधि को अन्य प्राथमिकताओं से अलग रखें। मध्यवर्ग एक बार फिर से वैचारिक रूप से कम सतर्क था जब उसने विस्फोटक राम जन्मभूमि मुद्दे को उठाया, और 6 दिसम्बर 1992 को बाबरी मस्जिद का ध्वंस हुआ। ईमानदारी से कहें, तो औसत मध्यवर्ग इस तरह की भड़काने वाली कार्रवाई के पक्ष में नहीं था। विध्वंस की असली कार्रवाई बदमाश लोगों द्वारा की गई थी, जिसका नेतृत्व भाजपा एवं उससे जुड़े उग्र संगठनों द्वारा किया गया था, जिन्होंने अपने धार्मिक उन्माद की पूर्ण अभिव्यक्ति दी और यह सम्भव हुआ केन्द्र के प्रशासनिक तन्त्र के छल-कपट पूर्ण सहयोग के कारण। मध्यवर्ग का सहयोग उतना खुल्लमखुल्ला नहीं था। राम मन्दिर के लिए ख़ास तौर से तैयार की गई ईंटें केवल मध्यवर्ग के हाथों नहीं लायी गयी थीं। लेकिन इस मुद्दे की वजह से साम्प्रदायिक भावनाएँ भड़क उठीं और अधिकतर मध्यवर्ग उसकी चपेट में आ गया। लेखक पंकज मिश्र जब भारत के छोटे-छोटे शहरों की यात्रा कर रहे थे तो उन्होंने पाया कि 'छोटे शहरों में इस आन्दोलन को मध्यवर्ग का भरपूर समर्थन मिला।' सामान्य रूप से यह कहना अधिक सुरक्षित रहेगा कि मध्यवर्ग का बड़ा हिस्सा भाजपा के उस खेल के सामने झुक गया जिसमें वह साम्प्रदायिक मामले के माध्यम से वह भेदभाव वाले राजनीतिक समर्थन को जुटाने में लगी थी। वैसे थोड़े समय के लिए इस असाधारण व्यवहार के बावजूद मध्यवर्ग पूरी तरह से साम्प्रदायिक नहीं हुआ। धार्मिक सहिष्णुता की लम्बी परम्परा और सदाचार की परम्परा के कारण, तथा इस बात की समझ कि साम्प्रदायिक टूटन समस्त भारतीयों की शान्ति एवं

सुरक्षा को गम्भीरता से प्रभावित करेगा। यह बात इस वर्ग के दिमाग़ में रह गया था, और उसके बाद जो हुआ उससे यह साफ़ हो गया कि इसकी प्राथमिकताओं में मन्दिर या मस्जिद बनाना कम था और बहुत अधिक बेहतर शासन के लिए धर्मनिरपेक्ष मुद्दे थे तथा समाज में ऊपर की ओर जाने के अवसरों को लेकर बातें थीं। लेकिन महत्वपूर्ण बात यह है कि जब इस तरह की घटनाएँ हो रही थीं, तथा इसके साथ जिस तरह दुष्प्रचार हो रहा था, उसको समझने, उसके मूल्यांकन के लिए उसके पास कोई विचारधारा नहीं थी जिसके आधार पर वह अपने तरीके से उन चीज़ों को समझ सके। और इसका नतीजा यह हुआ कि वह पूरी तरह से स्वार्थी राजनीति का शिकार हो गया। 1991 के आर्थिक सुधारों ने मध्यवर्ग के लिए उपभोक्तावाद के दरवाज़े खोल दिये। कमाई बढ़ गई, साथ ही उपभोक्ता वस्तुओं की उपलब्धता और उसकी संख्या में वृद्धि हुई। यह अच्छा था, कम से कम इस वर्ग के लिए, लेकिन इसका समाज से कोई गहरा जुड़ाव नहीं था। उपभोक्तावादी आनन्द में उन लाखों लोगों के प्रति पूरी तरह से उपेक्षा का भाव दिखाया गया था जो भयानक गरीबी का जीवन बिता रहे थे। समाज में ऊपर की तरफ बढ़ते इस मध्यवर्ग के लिए यह गरीबी तो जैसे थी ही नहीं। यह इसलिए नहीं थी क्योंकि इसने इसके अधिकतर लोगों के लिए उनके लिए कुछ भी करने के लिए ज़रा भी प्रेरित नहीं किया। उनकी मौजूदगी को समान्तर कथा की तरह से यूँ ही मान लिया गया, जो नये-नये मॉल्स, चमकती गाड़ियों तथा बेहतरीन सामानों से भरी दुकानों, जिनमें विदेशी सामान भी हुआ करते थे, के साथ-साथ किसी तरह रह रहे थे। आम तौर पर यह दृष्टिकोण था कि किसी तरह अपने जीवन को बेहतर बनाया जाये, अभाव के सागर में खुशहाली का द्वीप बनाया जाये। भौतिक उन्नति के प्रति मोह और सामाजिक जिम्मेदारियों के प्रति पूरी तरह से उपेक्षा का भाव एक तरह से रंगभेद की व्यवस्था से अलग नहीं था, लेकिन यह आम तौर पर प्रछन्न ही रहा क्योंकि इसके अपराधियों ने कभी उनकी हालत की तरफ़ ध्यान भी नहीं दिया जिनको उन्होंने निर्वासित कर दिया। परोपकार के प्रति किसी मजबूत नैतिक स्थिति की कमी के कारण, अनैतिक नेतृत्व और अवसरवादी राजनीति की वजह से, समाज मात्र के प्रति ही किसी तरह की संवेदना जाती रही। जिसका नतीजा यह रहा कि एक ख़ास तरह की जीवन शैली को स्वीकृति मिली : एकाकी, आक्रामकता, स्वार्थीपन, भौतिक लाभों के लिए पागलपन, और सामाजिक रूप से संवेदनहीनता।

किसी विदेशी का सबसे पहले जिस बात पर ध्यान जाता है वह यह है कि भारत में खाते-पीते समाज में नागरिक होने की किसी भी तरह की जिम्मेदारी के प्रति उपेक्षा का भाव है। लोग अपना घर तो साफ़ रखते हैं, लेकिन घर के ठीक बाहर गन्दगी के ढेर पर ज़्यादा ध्यान नहीं देते। जिनको अधिक पानी की ज़रूरत होती है वे इसके बारे में ज़रा भी नहीं सोचते जब वे अवैध रूप से जलापूर्ति वाले पाइप लाइन में बूस्टर लगा लेते हैं। अगर बिजली की आपूर्ति कम होती है तो पब्लिक केबल में अवैध रूप से तार लगा लेते हैं, या मीटर में गड़बड़ी कर लेते हैं, या लाइनमैन को घूस देते हैं। समाज के साथ रचनात्मक रूप से जुड़ने के बजाय उससे स्वार्थपूर्वक और जानबूझकर कटे रहने का भाव 1991 के बाद के उपभोक्ता उभार में बहुत हद तक दिखाई देता है। हालाँकि, यह सही है कि बावजूद इसके कि भौतिक हालात कुछ बेहतर हुए हैं आम मध्यवर्ग का जीवन आज भी संघर्षपूर्ण बना हुआ है, लगभग न के बराबर—बिजली, पानी, सड़क, स्कूल, मेडिकल सेवा या नौकरियों के मामले में—है जिसे पारम्परिक रूप से मध्यवर्ग कहा जाता है। लेकिन सापेक्षिक तौर पर यह मुश्किल वह कारण भी हो सकता था जो सरकार के कामकाज एवं प्रशासनिक जिम्मेदारी के लिए जन कार्रवाई की शुरुआत कर सके। दुर्भाग्य से, यह सब एक तरह से इस बात का प्रमाण है कि किस तरह एकाकी व्यक्तिवाद है, अपनी इच्छित चीज़ को अच्छे या बुरे किसी साधन के माध्यम से किसी तरह पा लेना। इसके साथ वह सदाबहार भावना भी है आत्मदया में खो जाने का, एक ऐसा भाव जो मध्यवर्ग के अन्दर है कि जो लोग कुछ नहीं होते वे अपर्याप्त एवं विषमतापूर्ण व्यवस्था के शिकार हो जाते हैं।

नई सहस्राब्दी में, मध्यवर्ग ने अपने गुस्से को प्रकट करने के लिए सबसे बढ़ कर एक मुद्दे को उठाना शुरू किया है : भ्रष्टाचार। निश्चित तौर पर यह सबसे प्रासंगिक एवं ज़रूरी मुद्दा है। भारत को अधिकांश प्रेक्षकों द्वारा दुनिया के सबसे भ्रष्ट देशों में देखा जाता है, यह एक ऐसा अवबोध है जिससे अधिकतर भारतीय पूरी तरह से सहमत होंगे। ट्रांसपेरेंसी इंटरनेशनल के मुताबिक, भ्रष्टाचार भारत के जीडीपी का 16.6 प्रतिशत खा जाता है। काला धन वैसे तो दबा ढँका है लेकिन वह हमारी अर्थव्यवस्था की एक पहचान बन गया है। बड़ी-बड़ी राशि हवाला के माध्यम से इधर उधर होती

है, या स्विस बैंकों में उनको छिपा कर रखा जाता है, और सरकार इस बारे में कुछ भी कर पाने में अपनी असमर्थता जताती है। असल में, इस तरह की धारणा निराधार नहीं कही जा सकती है कि सरकार भ्रष्टाचार में लिप्त है—जो भ्रष्टाचार के उन बड़े-बड़े मामलों में दिखाई देता है जिसने हाल के सालों में देश को जकड़े रखा है—और इसकी वजह से हताशा और गुस्से का भाव पैदा हुआ है। मध्यवर्ग का गुस्सा उबाल के स्तर पर पहुँच गया है तो केवल इसलिए नहीं कि बड़ी मछलियाँ साफ़ छूट जाती हैं बल्कि इस कारण भी कि आम मध्यवर्ग को इसका अभिशाप भुगतना पड़ रहा है। उसे इसका सामना करना पड़ता है जब-जब वह मृत्यु का प्रमाणपत्र लेने जाता है, या ड्राइविंग लाइसेंस या पेंशन के काग़ज़ात या राशन कार्ड या पासपोर्ट; उसे इसका सामना तब भी करना पड़ जाता है जब वह सम्पत्ति का पंजीकरण करवाने जाता है, पानी का बिल देता है, मकान का कर देता है या बच्चे का स्कूल में दाखिला करवाने जाता है, अस्पताल में बिस्तर लेने जाता है, या अपने आयकर भरने जाता है। उसे इसका साफ़ प्रमाण मिलता है जब वह न्यायालय में जाता है, चुनावी प्रक्रिया में, या कार्यपालिका में।

इसलिए इसमें आश्चर्य की कोई बात नहीं थी जब अन्ना हजारे ने भ्रष्टाचार के ख़िलाफ़ आन्दोलन शुरू किया तो मध्यवर्ग ने उसको भरपूर समर्थन दिया। जब संसद द्वारा लोकपाल विधेयक को पारित करवाने के लिए उन्होंने आमरण अनशन किया तो रामलीला मैदान में मध्यवर्ग के हज़ारों लोग अपने घर, काम या व्यवसाय को छोड़ कर उनके साथ अपनी एकता जताने के लिए आ जुटे। लेकिन उनमें से लगभग किसी ने भी इस निजी सवाल का स्वागत नहीं किया : क्या अपने निजी जीवन में भी उन्होंने भ्रष्टाचार के मौके आने पर उससे मजबूती के साथ दूरी बरती, जब उसका सम्बन्ध उनके निजी हितों से रहा हो और जब पकड़े जाने पर उसके लिए बहुत कम सज़ा के प्रावधान को उन्होंने पाया? सच्चाई यह है कि ऊँची जगहों पर भ्रष्टाचार के बारे में सदाचारी बातें करने वाला मध्यवर्ग अपने व्यक्तिगत जीवन में अपने निजी हितों के लिए सहजता से भ्रष्टाचार में लिप्त हो जायेगा। सार्वजनिक रूप से विरोध एवं निजी नैतिकता के बीच की जो खाई है वह एक ऐसा आडम्बर है जिसके साथ मध्यवर्ग रहता है, जीता है—और अपने रोज़-रोज़ के जीवन में उसे नज़रअन्दाज़ भी करता है। घूस देना बुरा है जब आप देना नहीं चाहते;

लेकिन वह सब अच्छा है जो हमें मिल जाता है जिसकी हमें चाहत होती है। इस अर्थ में, भ्रष्टाचार लिटमस पेपर जैसा होता है : वह किसी ख़ास अनुभव का रंग पा लेता है। अनैतिकता का सम्बन्ध होता है दुनियावी चीज़ों के प्रति लगाव से। निजी तौर पर जो कुछ बेहतर मिल जाता है वह व्यावहारिकता होती है और लचीलापन, जब कोई मौका आये तो उसे झटक लेना, और जब सम्भव हो लाभ कमा लेना। दुर्भाग्य से नैतिकता की कोई पूर्ण परिभाषा नहीं होती है। ऐसे संसार में निजी तौर किसी को व्यवहारिक होना चाहिए और सार्वजनिक तौर पर नैतिक, और इन दोनों को दो अलग पहलुओं के रूप में देखा जाता है। दोनों के पैमाने अलग-अलग होते हैं। यह इसको सम्भव बनाता है, वह भी बिना किसी भावनात्मक तनाव के या पाप के किसी भाव के, हम सार्वजनिक रूप से भ्रष्टाचार की बुराई के बारे में बोलते हैं और जब अपना मामला आता है तो उसके बारे में चुप्पी बरतते हैं। मध्यवर्ग ने असल में कभी इस गहरे रूप से अपोषणीय दो-ध्रुवीयता का सामना नहीं किया है जबकि वह एक तरफ़ भ्रष्टाचार से मुक्ति के लिए संघर्ष करता रहा है। क्या ईमानदारी की यह कमी जानबूझ कर है? या भोलापन? क्या यह सजग रूप से इसके खण्डन का मामला है? क्या यह अचेतन तौर पर औचित्य के साथ समझौता है? इसका जो भी जवाब हो, मध्यवर्ग की यह योग्यता कि जो भी उसे उचित लगता हो कि यह अच्छा कारण है उसके लिए काम करना बुरी तरह से प्रभावित हुई है, जो उसकी इस अक्षमता में प्रकट तौर पर दिखाई देता है कि वह इस बात को समझा पाने में असमर्थ रहा है कि निजी आचरण और बड़े सार्वजनिक हित में क्या सम्बन्ध होता है। आत्मनिरीक्षण की यह कमी एवं साहसपूर्ण ढंग से प्रश्न उठाने की कमी की वजह से यह वैचारिक तौर पर नियन्त्रणहीन बना रहा, बदलाव के लिए बेचैन मगर निजी स्तर पर जिस नैतिकता की ज़रूरत होती है उसे स्वीकार कर पाने में असमर्थ।

अगर निर्भया का मामला बड़े पैमाने पर यह दिखाता है कि महिलाओं की सुरक्षा में कमी को लेकर मध्यवर्ग बड़े पैमाने पर गुस्से में है, लेकिन इससे यह बात भी समझ में आती है कि मध्यवर्ग अपनी चिन्ताओं के मामले में कितना संकीर्ण है। गुस्सा सही था। कारण सही था। लेकिन चयन पर सवाल उठाया जा सकता था। मध्यवर्ग की महिला के साथ दिल्ली में जो घृणित अपराध हुआ उसने पूरी दुनिया को हिला कर रख दिया। आम मध्यवर्ग में

गुस्सा स्वतःस्फूर्त था और जायज भी था। लेकिन भारत में बलात्कार की रोज़ हज़ारों घटनाएँ घटित होती हैं। उनमें से सभी बर्बर होते हैं। उनमें से सभी भयानक होते हैं, और, उनमें से सभी उसी तरह के गुस्से का आह्वान करते हैं, और उसी तरह से न्याय की माँग करते हैं। मध्यवर्ग से जो सवाल पूछे जाने की ज़रूरत है कि उसे केवल तभी गुस्सा आता है जब उसमें से किसी एक के साथ कुछ होता है, और साहस के साथ सिर्फ़ उन्हीं मुद्दों को उठाता है जो उसकी अपनी दुनिया के हिस्से होते हैं, जबकि वह वैसे मुद्दों को लेकर उदासीन रहता है जो उसकी दुनिया के बाहर के होते हैं, ख़ासकर जिनका सम्बन्ध ग़रीबों से होता है। दूसरे शब्दों में, क्या जन सक्रियता का मध्यवर्ग का एजेंडा इतना सीमित है, इतना संकीर्ण, केवल अपनी भलाई और अपने हित से ही जुड़ा होता है?

यह किसी ऐसे वर्ग के लिए असामान्य नहीं है जो मुख्य रूप से अपने हितों के प्रति ही जागरूक रहता है, और मध्यवर्ग इसका कोई अपवाद नहीं है। लेकिन अगर यह वर्ग चाहता है कि राष्ट्रीय स्तर पर यह अपनी भूमिका का विस्तार करे तो इसे अपनी चिन्ताओं के दायरे को विस्तृत करना पड़ेगा। यह दो कारणों से ज़रूरी है। पहले, कोई मुद्दा शून्य में नहीं होता, वह किसी एक वर्ग तक ही सीमित नहीं होता। अपने तमाम आन्तरिक विभाजन और विरोधाभासों के बावजूद देश और समाज अन्ततः एकीकृत इकाई होते हैं, और जाति की चिन्ताओं को प्रभावी ढंग से चलाने के लिए एक सर्वांगीण दृष्टिकोण का होना बहुत ज़रूरी है। उदाहरण के लिए, इस ख़ास मामले में, महिलाओं की सुरक्षा के मुद्दे को सिर्फ़ मध्यवर्ग तक सीमित नहीं रखा जा सकता है, क्योंकि वर्ग विभाजन बहुत लचीला होता है तथा पीड़ित के प्रति चिन्ता सामाजिक सन्दर्भों में कबायली नहीं हो सकता है। सबसे बढ़ कर, मुद्दे का आन्तरिक तौर पर सम्बन्ध स्वतः प्रमाणित है। मध्यवर्ग अपने लिए और अधिक समृद्धि के सपने को लेकर नहीं चल सकता जब तक कि भारत की बड़ी आबादी अस्वीकार्य ग़रीबी में जीवन बिता रही है। सपनों के अलावा, कोई समृद्धि की पहली मंजिल तब तक नहीं बना सकता है जब तक कि उसका आधार तल और भूमिगत तल न बना हो। कोई राष्ट्र बहुत कुछ घर की तरह होता है, जिसमें हर तल की पहचान तो अलग-अलग होती है मगर इमारत एक होती है। दूसरे, मध्यवर्ग अपनी आवाज़ में विश्वसनीयता पैदा

कर सकता है जब उसकी चिन्ताएँ तथा वे मुद्दे जिनको लेकर यह आन्दोलन करता है वे अपनी प्रकृति में व्यापक हों। इसके लिए, जब यह गुस्सा दिखाये तो उसमें देश की बड़ी प्राथमिकताओं की समझ भी हो। जिस तरह से अपने हितों के प्रभावित होने के बाद इसका गुस्सा स्वतःस्फूर्त ढंग से फूटता है उसी तरह की संवेदनशीलता के साथ इसे ऐसे मुद्दों को लेकर भी मुखर होना चाहिए जो देश की बेहतरी के लिए हों।

अपने तमाम लचीलेपन, संसाधनपूर्णता, आप्लावन, उद्यम कौशल के बावजूद मध्यवर्ग ने अतीत में यह दिखाया है कि या तो इसने राष्ट्रीय घटनाओं से खुद को अलग-थलग कर लिया है, या थोड़े समय के हितों में ही डूब गया है जो साफ़ तौर पर अवांछनीय होता है, या अन्य प्राथमिकताओं को परे कर उपभोक्तावादी बयार में बहने लगा है, या साम्प्रदायिक मुद्दों के साथ होने लगा है। इसने इस मामले में भी अक्षमता का प्रदर्शन किया है कि यह अपने व्यवहारगत चयन का भी सामना नहीं कर पाया है जबकि इसने जिन मुद्दों का समर्थन किया वे सही थे। और अन्त में, इसकी चिन्ताएँ संकीर्ण रूप से उन घटनाओं पर केन्द्रित होती हैं जिनका सम्बन्ध इसके अपने हितों से होता है, जिसका कोई वृहत राष्ट्रीय एजेंडा नहीं होता है। यह भविष्य में क्या कर सकता है इसके लिए यह ज़रूरी है कि इसके ऐतिहासिक परिप्रेक्ष्य को दिमाग़ में रखा जाये, क्योंकि इसके प्रभाव और इसकी सत्ता में साफ़ तौर पर वृद्धि हुई है। यह इस वर्ग के लिए चुनौती और अवसर दोनों होगा।

अध्याय 3

2014 के चुनाव में मध्यवर्ग क्या करेगा? और इसमें इसका राजनीतिक व्यक्तित्व एवं चयन क्या रहेगा? भारत में मध्यवर्ग के अधिकतर लोग इस बात में विश्वास करते हैं कि अपने दुखों और विकल्पों के मामले में वे आम तौर पर अकेले ही हैं। उनका दृष्टिकोण अड़ियल तरीके से अलग-थलग रहने वाला है, वह उनकी अपनी परिस्थितियों की दशा दिशा पर ही निर्भर करता है, और इस बात से ही दुखी रहता है कि दुनिया में उनके जैसे लोगों के साथ क्या हो रहा है। फिर भी, उनके बढ़ते महत्व को देखते हुए, उनके लिए यह इस बात का समय भी है कि वे कभी-कभार अपने अनुभवों को वैश्विक मध्यवर्गीय क्रान्ति के सन्दर्भ में रख कर देखें जो कि पिछले कई सालों से चल रहा है, जबसे भारत में इस वर्ग के प्रभाव और कार्यकर्ता भाव में वृद्धि हुई है लगभग उसके समानान्तर। इस क्रान्ति का आने वाले समय में राजनीतिक, आर्थिक एवं सामाजिक नीतियों पर प्रभाव पड़ सकता है। अगर मध्यवर्ग को आखिरकार खड़ा होना है तो उसे इस वृहत परिदृश्य के बारे में पता होना चाहिए जिससे कि वह उनके सन्दर्भ में अपनी सम्भावनाओं या उन सम्भावनाओं की कमी का आकलन कर सके।

दुनिया भर में मध्यवर्ग जाग्रत हो रहा है तथा उसकी संख्या एवं सत्ता में वृद्धि हो रही है। ओइसीडी के अनुसार 1.8 बिलियन लोग पहले से ही इस वर्ग में मौजूद हैं। इस दशक के अन्त तक यह संख्या बढ़कर 3.2 बिलियन हो जायेगी, और 2030 तक यह संख्या बढ़कर 4.9 बिलियन से अधिक हो जायेगी। इस वैश्विक लहर में भारत एवं चीन की भूमिका महत्वपूर्ण होगी। चीन में भारत के मुकाबले यह वृद्धि और भी जोरदार है। 1990 से 2005 के बीच इस वर्ग की संख्या 15 प्रतिशत से बढ़कर 64 प्रतिशत हो गई है।

एशिया में मध्यवर्ग की 2020 तक यह संख्या तिगुनी हो जायेगी और वह 1.7 बिलियन हो जायेगी, और 2030 तक इसके बढ़ कर 3 बिलियन हो जाने की सम्भावना है, जो कुल उपभोग का 40 प्रतिशत उपभोग करेगी और तथा समस्त मध्यवर्ग का 64 प्रतिशत। इसी तरह की परिघटना, हालाँकि जनसंख्या में अन्तर के कारण कुछ छोटे स्तर पर ही सही अन्य स्थानों पर भी दिखाई देती है। लैटिन अमेरिका का मध्यवर्ग, जिसमें ब्राजील का मजबूत मध्यवर्ग शामिल है, वर्तमान 181 मिलियन से बढ़ कर 2030 तक 313 मिलियन हो जायेगा। अफ्रीका के मध्यपूर्व इलाके में इसी दौरान यह संख्या 137 मिलियन से बढ़ कर 341 मिलियन हो जायेगी। रोचक बात यह है कि यूरोप और अमेरिका का वैश्विक मध्यवर्ग में अनुपात अभी आधे से कम होकर एक तिहाई तक सिमट जायेगा। संख्या में वृद्धि के कारण मध्यवर्ग ने दुनिया भर में बदलावों को दिशा देने में महत्वपूर्ण भूमिका निभाई है। तुर्की में तकसीम चौक पर हुए प्रदर्शन का नेतृत्व मजबूत मध्यवर्ग के हाथों में था। विशाल तकसीम चौक के बीच में गेज़ी पार्क एक छोटा-सा हरा भरा टुकड़ा है। 28 मार्च 2013 को जब पर्यावरणवादियों के एक समूह ने उस पार्क में सरकार द्वारा करवाये जा रहे तोड़-फोड़ को रोकने की कोशिश की तो पुलिस ने बिना किसी उकसावे के हिंसात्मक कार्रवाई की। इसके बाद देश भर में प्रदर्शन शुरू हो गये, हालाँकि उसका तात्कालिक कारण तो था उस पार्क का भविष्य, असली मुद्दा था—जो ख़ासतौर पर मध्यवर्ग द्वारा उठाया गया था—प्रेस की स्वतन्त्रता पर अतिक्रमण, इकट्ठा होने और अभिव्यक्ति की आज़ादी में कमी, तानाशाही शासन तथा तुर्की की धर्मनिरपेक्ष परम्परा का सरकार द्वारा क्षरण। ब्राजील में गिरती अर्थव्यवस्था, राजनीतिक भ्रष्टाचार तथा सरकार द्वारा 2014 विश्व कप के लिए स्टेडियम बनाने के ऊपर 14 बिलियन अमेरिकी डॉलर खर्च करने की योजना के कारण मध्यवर्ग का गुस्सा अपने उफ़ान पर आ गया और जिसकी वजह से करीब 10 लाख लोग सड़कों पर उतर आये। ईरान में, इस वर्ग की भूमिका तब समझ में आयी जब उदारवादी वकील और धार्मिक नेता हसन रोहानी ने अगस्त 2013 में आश्चर्यजनक तौर पर राष्ट्रपति का चुनाव जीत लिया। रोहानी की घोषणाओं में शामिल थी नागरिक अधिकारों की बहाली, अर्थव्यवस्था का पुनरोद्धार, अधिक निजी स्वतन्त्रता तथा महिला अधिकार, पश्चिम के प्रति कम वैमनस्यपूर्ण नीति, तथा अधिक धार्मिक चेहरा। ईरान का मध्यवर्ग, जो

पहले से ही कमजोर अर्थव्यवस्था तथा सालों से अन्तर्राष्ट्रीय तौर पर अलग-थलग रहने के कारण बहुत दबाव में था, तथा इस आम धारणा के कारण गुस्से में था कि सत्ता में बैठे कट्टरतावादी ईमानदारी से चुनाव नहीं करवाते हैं, तुरन्त उनके समर्थन में आ गया। 18 दिसम्बर 2010 को मोहम्मद बुअज़ीज़ी नामक एक फल विक्रेता, जो ट्यूनीशिया के सीदी बुअज़ीज़ी शहर का रहनेवाला था, ने पुलिस के भ्रष्टाचार के विरोध में आत्मदाह कर लिया। यह एक ऐसी घटना थी जिसके ऊपर कुछ साल पहले ट्यूनीशिया में भी किसी ने ध्यान नहीं दिया होता, लेकिन इस घटना ने अरब वसन्त की शुरुआत की, जिससे प्रतिरोध की लहर चल पड़ी, केवल ट्यूनीशिया में ही नहीं, बल्कि पूरे अरब विश्व में। अगले दो सालों में, ट्यूनीशिया, मिस्र, लीबिया और यमन में लम्बे समय से शासन कर रहे शासकों को मजबूर होकर सत्ता छोडनी पड़ी, तथा अन्य कई अरब देशों में बड़े पैमाने पर राजनीतिक बदलाव के लिए नागरिक असन्तोष देखने को मिला। धरनों, प्रदर्शनों तथा रैलियों में मध्यवर्ग की भागीदारी और उनका नेतृत्व दिखाई दे रहा था। युवा, शिक्षित एवं तकनीकी रूप से दक्ष अरब के लोगों ने सोशल मीडिया का उपयोग करते हुए समर्थन जुटाने और सूचनाओं के प्रसार का काम किया, और बावजूद इसके कि सरकार ने आन्तरिक सेंसरशिप लाने की कोशिश की वे इसमें काफ़ी हद तक सफल रहे। छोटे स्तर पर, चीन के मध्यवर्ग ने वहाँ की सरकार के भ्रष्टाचार तथा पारदर्शिता में कमी के ख़िलाफ़ उल्लेखनीय तरीके से आवाज़ उठायी। विरोध से पूरी मजबूती से तानाशाही तरीके से निपटा गया लेकिन असन्तुष्ट मध्यवर्ग आवाज़ बुलन्द करता रहा।

प्रदर्शनों के तात्कालिक कारण जो भी रहे हों, लेकिन मध्यवर्ग के गुस्से का कारण मुख्य तौर पर रचनात्मक, बदलाव का हामी तथा सुधारों के समर्थन में था। उसके जो कहे-अनकहे लक्ष्य थे उसके पीछे उनकी यह इच्छा थी कि सरकार के कामकाज में अधिक जिम्मेदारी का भाव आये, जनतान्त्रिकता बढ़े, कानून का शासन आये, निजी अधिकारों को प्राथमिकता मिले, तथा साम्प्रदायिक सोच एवं धार्मिक कट्टरता का विरोध हो। इसके साथ गुस्से को भड़काने का काम किया शासन में कमी ने, चारों तरफ व्याप्त भ्रष्टाचार ने, ख़ासकर राजनीतिक स्तर पर, बेहतर पुलिस व्यवस्था एवं जनता की सुरक्षा के इन्तज़ाम की चिन्ता ने, स्वास्थ्य सेवा तथा सामाजिक सुरक्षा ने। आर्थिक

गिरावट भी इसका एक कारण रहा है। पिछले दशक के दौरान मध्यवर्ग में शिक्षित तबके की तेजी से वृद्धि हुई है, जबकि इस दौरान आर्थिक वृद्धि में कमी आयी और नौकरियों के अवसर भी कम हुए, जिससे बड़े पैमाने पर बेरोज़गारी बढ़ी, आय में कमी आयी, जिसकी वजह से सामान्य तौर पर असन्तोष बढ़ा। आर्थिक अवसर में गिरावट आती गयी जबकि उसके साथ उम्मीदें बढती गयीं, और शिक्षा की वजह से इस बात को लेकर जागरूकता बढ़ी कि इस अवरोध के वास्तविक कारण क्या हैं। उदाहरण के लिए, ब्राजील में, जहाँ मध्यवर्ग ने विरोध प्रदर्शन का नेतृत्व किया, यह इससे भी असम्बद्ध नहीं है कि 2000 के बाद के दशक में वहाँ विश्वविद्यालयों की संख्या दोगुनी हो गई।

जब नये आन्दोलन की शुरुआत होती है, और जब आम तौर पर सुप्त और परिदृश्य से बाहर रहने वाले समुदाय जन सरोकारों में संलग्न होकर सक्रिय होने लगते हैं तब निगरानी की ज़रूरत होती है। अन्य देशों में मध्यवर्ग की सक्रियता मोटे तौर पर सही दिशा में ही रही है, लेकिन वह असफलताओं से भी नहीं बच पायी। उसमें अक्सर नेतृत्व की कमी देखी गई और उसने अक्सर परस्पर विरोधी आवाज़ों में ख़ुद को अभिव्यक्त किया। न ही, उदाहरण के लिए, यह गुटीय उत्पीड़न से बच पाया और राजनीतिक हितों के आगे भी यह झुक गया। भारतीय मध्यवर्ग के लिए यह ज़रूरी है कि वह इस बात को समझे कि उसका गुस्सा दुनिया के अन्य हिस्सों के समानान्तर है। और जो भी यह करता है, जिस तरह के चयन यह करता है, वह वैसे तो भारत के सन्दर्भ में ही होता है, वे दुनिया भर में चल रही मध्यवर्गीय क्रान्ति का हिस्सा हैं, और उनको उसी सन्दर्भ में देखा जायेगा। इस वैश्विक क्रान्ति में समानताएँ व्याप्त हैं और जिनको इसलिए समझने की ज़रूरत है कि अन्य आन्दोलन किसलिए हुए और उन्होंने क्या हासिल किया, और इस बात को संकेतित करें कि वे ग़लतियाँ न की जायें जो उन्होंने की हैं। भारत में बिलाशक मध्यवर्ग के पास इस बात के काफ़ी कारण हैं कि वह बदलाव के लिए गुस्से में और अधीर हो। सांख्यिक तौर पर, भारत हो सकता है कि दुनिया का सबसे बड़ा जनतन्त्र हो, लेकिन जिस सिद्धान्त के आधार पर इसे दुनिया का सबसे प्रभावी सक्षम जनतन्त्र होना चाहिये उसके साथ बहुत हद तक समझौता किया गया है। हमारे चुनावों में अब भी धन और

बल का प्रचलन है। चुनाव सुधार, जिसके लिए ठोस प्रस्ताव मौजूद हैं, को काफ़ी समय से टाला जा रहा है। चुनाव का अंकगणित अब भी असन्तुलित रूप से जाति और नस्ल से प्रभावित होता है। बड़ी मात्रा में काला धन और राजनीतिक पार्टियों के बीच के रिश्तों को लगभग जीवन सत्य के तौर पर स्वीकार कर लिया गया है जिसके बारे में कुछ भी नहीं किया जा सकता है। जो वर्तमान व्यवस्था है वह इस तरह से काम करती है ताकि निष्ठावान और प्रतिभाशाली लोगों को जनतान्त्रिक प्रक्रिया से बाहर रखा जा सके। राजनीति का अपराधीकरण बढ़ा है, कम नहीं हुआ है। 2004 में लोकसभा में 128 सदस्य, जो सदन की संख्या के करीब एक चौथाई हैं, आपराधिक पृष्ठभूमि वाले थे। 2009 के चुनाव में यह संख्या बढ़ कर 153 हो गयी, जो 20 प्रतिशत की बढ़ोतरी थी। जिसका अर्थ यह हुआ कि हमारा प्रतिनिधित्व करने वाले करीब 30 प्रतिशत लोग आपराधिक पृष्ठभूमि वाले हैं। इनमें से, 14 प्रतिशत लोगों के ख़िलाफ़ बहुत गम्भीर किस्म के मामले हैं, जिनमें बलात्कार, हत्या और फिरौती जैसे मामले हैं। अधिकतर राजनीतिक दलों में आन्तरिक लोकतन्त्र का पूरी तरह से अभाव है। 'आला कमान' का प्रचलन है, जो वंशवादी राजनीति एवं निरंकुश चापलूसी के रूप में जारी है। जिस तरह से संसद की कार्यवाही का संचालन होता है उसको ले कर एक तरह से राष्ट्रीय घृणा का भाव है। अधिकतर मौकों पर, जिसे जनतन्त्र का मन्दिर कहा जाता है उसे बाजार या मण्डी में बदल दिया गया है, जिसके निस्सहाय पीठासीन अधिकारी सदन में थोड़ी भी शिष्टता बनाये रख पाने में असफल साबित होते हैं। सामान्य तौर पर, मध्यवर्ग के नागरिकों में जनतान्त्रिक प्रक्रियाओं को ले कर अलगाव का जबरदस्त भाव है, ख़ास तौर पर युवाओं में।

यह आम तौर पर माना जाता है—जो पूरी तरह से ग़लत भी नहीं कहा जा सकता है—कि शासन में एक तरह से ठहराव आ गया है। अर्थव्यवस्था में गिरावट मध्यवर्ग के लिए ख़ास तौर पर चिढ़ाने वाला है, क्योंकि उसका मानना है कि अन्तर्राष्ट्रीय आर्थिक माहौल को ले कर चाहे जो भी कारण बताया जाये इसके असली अपराधी हैं सरकारी स्तर पर अप्रभावी प्रबन्धन एवं नीतियों को ले कर ठहराव। अनेक पहलों को ले कर निर्णयहीनता के हालात बने हुए हैं। आर्थिक सुधार में गिरावट आयी है। आर्थिक विकास दर में गिरावट आयी है और वह आज 5 प्रतिशत से भी कम है जबकि महज कुछ

सालों पहले वह 8 से 9 प्रतिशत थी। कम विकास दर के कारण नौकरियों में करीब 25 प्रतिशत की गिरावट आयी है। जबकि महँगाई, जिसने मध्यवर्ग को बुरी तरह से प्रभावित किया है, में कोई कमी नहीं आ रही है। आम तौर पर इस वर्ग में यह धारणा बन चुकी है कि आर्थिक मन्दी के कारण व्यापार घाटा बढ़ रहा है, निर्यात में कमी आयी है, रुपये का अवमूल्यन हो रहा है, बाजार में मन्दी है, निवेश में कमी आयी है, अन्तर्राष्ट्रीय रेटिंग में बुरी तरह गिरावट आयी है, तथा आन्तरिक उपभोग में कमी आयी है।

भ्रष्टाचार में बड़े पैमाने पर वृद्धि मध्यवर्ग के लिए सबसे विस्फोटक मुद्दा है। हमने इस बात की चर्चा की है कि किस तरह इस बुराई ने आम नागरिकों के जीवन के हर पहलू को प्रभावित किया है, वह जिस सरकारी विभाग में काम के लिए जाता है वहाँ उसे इसका सामना करना पड़ता है। लेकिन इस असन्तोष को इस बात से हवा मिली है भ्रष्टाचार ख़ास तौर पर सरकार के शीर्ष स्तर पर फल-फूल रहा है, और जो शक्तिशाली हैं वे इससे बच निकलते हैं। एक के बाद एक बड़े-बड़े भ्रष्टाचार के मामले जिनका सम्बन्ध सरकार द्वारा राज्य के संसाधनों के आवंटन से है—2 जी, कोयला आवंटन, खनिज, भूमि—जिनके बारे में महीनों ख़बरें चलती रहीं, इन ख़बरों ने इस भावना पर मजबूती से बल दिया है। यह भावना मजबूत हुई है कि जो भ्रष्ट हैं वे फल-फूल रहे हैं क्योंकि जो ताकतवर लोग हैं उनकी उनके साथ साँठ-गाँठ रहती है, और उनको भ्रष्टाचार से फ़ायदा होता है। सीबीआई जैसी जाँच एजेंसियाँ, जिनका गठन इस बुराई पर काबू पाने के लिए किया गया, या तो समझौता कर लेती हैं या अप्रभावी साबित हुईं, या उनको शक्तिशाली लोगों के ख़िलाफ़ जाँच करने में डर लगता है, जबकि वे अक्सर अपराधी होते हैं। न्यायपालिका में भ्रष्टाचार की वजह से भ्रष्टाचारियों को सज़ा देने के मामले बहुत कम सामने आते हैं। अन्ना हजारे जैसे कार्यकर्ताओं को लोकपाल विधेयक पारित करवाने के लिए आमरण अनशन का सहारा लेना पड़ता है, उसके बावजूद उसके ऊपर 50 सालों से विचार चल रहा है। कहा जाता है कि हवाला के रास्ते पैसा देश से बाहर भेजा जा रहा है और स्विस बैंक में गुप्त अकाउण्ट की चर्चा आम है। यह आम धारणा है कि मजबूत व्यवस्था का निहित स्वार्थ है इसलिए वह इस मामले में कुछ भी नहीं करता है। प्रवर्तन, तकनीकी हस्तक्षेप, पारदर्शी विनियामक तन्त्र तथा वृहत

राजनीतिक आर्थिक जिम्मेदारी से जुड़े कानूनों के बारे में यह माना जाता है कि उनको जान-बूझकर ठण्डे बस्ते में डाल दिया गया है। अगर ये मुद्दे शक्तिशाली पेट्रोल बम बन गये हैं तो मध्यवर्ग इसका मुकाबला करने के लिए किस हद तक तैयार है? गुस्सा तो समझ में आने वाली प्रतिक्रिया है, लेकिन गुस्सा अपने आप में काफ़ी नहीं हो सकता। गुस्से के छिटपुट प्रदर्शन को मजबूत व्यवस्था द्वारा भटका दिया जाता है, उनको दबा दिया जाता है, उनको भुला दिया जाता है। जब तक कि अधिक ठोस, ज्ञानपूर्वक, सावधानीपूर्वक एवं संगठित प्रतिक्रिया न की जाये। हालिया इतिहास इसका गवाह रहा है तथा दुनिया के अन्य हिस्से में मध्यवर्ग के आन्दोलन का स्वरूप ख़ास अलग नहीं रहा है। संक्षेप में बात यह है मध्यवर्ग के लिए यही पर्याप्त नहीं है कि वह उकसावे पर प्रतिक्रिया दे। उसे मुद्दों से जुड़ना चाहिए, अन्तर्निहित मुद्दों का अध्ययन करना चाहिए, घटनाक्रम का विश्लेषण करना चाहिए, बड़े पैमाने पर जागरूकता का विकास कर एक वैकल्पिक दृष्टिकोण पेश करना चाहिए। लेकिन यह ऐसा काम है जिस मामले में मध्यवर्ग ढिठाई से—लेकिन अप्रत्याशित तौर पर नहीं—लापरवाह दीखता है। यह सच है कि कुछ गैर सरकारी संगठन और हिमायती समूह तथ्य जुटाने, समाधान बताने तथा कार्रवाई की दिशा में महत्वपूर्ण काम कर रहे हैं। लेकिन वे कम हैं और दूर-दूर हैं, उनके बीच राष्ट्रीय स्तर पर कोई समन्वय नहीं है। बुरी बात यह है कि मध्यवर्ग के लोग यह सोचते हैं कि जो गलत है उसके प्रति गुस्सा जताना चाहिए, और कभी कभार उसके बारे में कुछ करना काफ़ी है। इसके बारे में उनको लगता है कि यह क्रान्ति है, और जाहिर, कृत्रिम, तात्कालिक और नाटकीय ढंग से ख़बरों की सुर्ख़ियों से आगे जाने की कोई ज़रूरत नहीं है। वे इस बात को लेकर मुतमईन हैं कि उनके असन्तोष के जो कारण हैं सुस्पष्ट हैं—और जाहिर हैं कि वे सच हैं—इसलिए तथ्यों या सिद्धान्तों या विकल्पों को ले कर गहराई से कुछ मनन करने की ज़रूरत नहीं है। जिसका परिणाम है वह वर्ग जो बड़े दिल से प्रतिक्रिया देने वाला है, लेकिन इतना सक्रिय नहीं है कि उसमें धैर्य आ जाये, न ही इतना समय है कि वह बदलाव के लिए एक सतत आन्दोलन को चला सके। उनकी वाकपटुता इसमें है कि वे किसी भी समय शिकायतों का पुलिन्दा खोल सकते हैं; लेकिन उनकी कमजोरी यह है कि उनकी वाकपटुता शायद ही इसे सुधार के घोषणापत्र में बदल नहीं पाती है। इस मानसिक सुस्ती के कुछ पहचाने जाने वाले कारण

हैं। पढ़े-लिखे लोगों की संख्या में वृद्धि तो हुई है मगर दुर्भाग्य से, उसके साथ इस मानसिकता की भी स्वीकृति हुई है कि मसलों पर ख़ामोश रहा जाये। 24 × 7 समाचार में पूरे देश में निराशाजनक समानता है और अपने चैनलों के माध्यम से : इसने सूचना को महज कुछ जल्दी-जल्दी एक साउण्ड बाईट या जाने माने तथ्यों के दोहराव, या पैनल चर्चाओं में बदल दिया है जिसमें बहसबाजी तो ख़ूब होती है लेकिन गहराई से कोई चर्चा नहीं होती है। लेकिन विडम्बना यह है कि इसकी वजह से इस कृत्रिम 'ब्रेकिंग न्यूज' शैली में बड़े पैमाने पर समकालीन मुद्दों के बारे में बताया जाता है जिससे एक सामान्य मध्यवर्गीय आदमी को ऐसा लगने लगता है कि वह सब कुछ जानता है, जबकि हो सकता है कि वह असल में उन चीजों के बारे में बहुत कम जानता हो। समाचारों को कम से कम लिखने का चलन प्रिंट मीडिया में भी आ गया है। ज़्यादातर अख़बार इन दिनों समाचार के साथ-साथ एक बॉक्स प्रकाशित करते हैं जिसमें समाचार या विश्लेषण को कम शब्दों में रखा जाता है जो पाठकों की 'सुविधा' के लिए होता है। यह मान लिया गया है कि यह हो भी सकता है और अधिक नहीं पढ़ना चाहता है और ऐसा कुछ नहीं किया जाना चाहिए जिससे उसका ध्यान अधिक देर तक ठहरे। साइबर जगत, न्यूजप्रिंट, सोशल मीडिया और टेलिविजन के माध्यम से हुए सूचना के विस्फ़ोट के कारण यह उस चरम बिन्दु तक पहुँच चुका है कि अब वह महज 'स्पीड न्यूज' को ही समझ सकता है। टीआरपी की जबरदस्त प्रतिस्पर्धा के कारण यह बात भी तय हो चुकी है कि लक्ष्य यह है कि लोगों का ध्यान खींचा जा सके न कि उनको सोचने की तरफ ले जाया जाये। दुःख की बात यह है कि यह बात ख़ासतौर पर युवाओं में दिखाई देती है। मैं देश भर में यात्रा पर जाता हूँ, विश्वविद्यालयों तथा अन्य जगहों पर भाषण देने के लिए, जहाँ युवा बड़ी तादाद में होते हैं, मेरा ध्यान हमेशा इस बात की तरफ जाता है कि उनके क्रोध का स्तर तो काफ़ी ऊँचा होता है मगर उसके अन्तर्निहित कारणों या समाधानों को ले कर उनकी जानकारी का स्तर कम होता है। वे इस बात को ले कर तो बेहद मुखर होते हैं, खुल कर बोलते हैं कि गलत क्या है, लेकिन इसको ले कर या तो उनकी जानकारी अधकचरी होती है या कृत्रिम होती है या बिलकुल ही नहीं होती कि इसके बारे में क्या किया जा सकता है। जो कुछ है उसके बारे में तो बहुत असन्तोष जताते हैं लेकिन जब उनसे यह पूछा जाता है कि इसे किस तरह से बदला जा सकता है है तो उनका गुस्सा शान्त

हो जाता है। उदाहरण के लिए, किसी से भी अधिक हमारे युवा चाहते हैं कि उनको बेहतर शासन मिले, वे अक्षम हैं—बावजूद इसके कि उनका भविष्य दाँव पर है—कि आज जो ढाँचा मौजूद है उसमें क्यों बेहतरीन मानी जाने वाली सरकारें आकांक्षाओं के अनुरूप प्रदर्शन करने के मामले में अभिशप्त रहीं। कम-से-कम दो दशकों से किसी भी एक पार्टी को अपनी बदौलत बहुमत नहीं मिल पाया, और भविष्य में भी इसके ऐसे ही होने की सम्भावना है। अकसर होने वाले चुनाव मतभेद पैदा कर देते हैं और बेहद कम बहुमत के साथ अस्थिर गठबन्धन बनते हैं। जिसका नतीजा यह होता है कि निर्वाचित सरकारों की बड़ी ऊर्जा सरकार बचाने में ही चली जाती है। ज़रूरी शासन की जगह पर राजनीतिक प्रबन्धन आ जाता है। किसी भी नीति निर्माण की जगह राजनीतिक सुविधा के हिसाब से तात्कालिक ज़रूरतों के अनुसार काम होने लगता है। सबसे बढ़ कर, सुशासन की जगह राजनीतिक समझौते के मुताबिक़ काम चलने लगता है। गठबन्धन में कई पार्टियाँ होती हैं, निर्णय निर्माण को सभी अपने कब्जे में लेना चाहते हैं। यहाँ तक कि जब शासन की नीतियों का निर्धारण होता है तो उसका लक्ष्य यह नहीं होता है कि लम्बी अवधि तक वास्तविक सुविधाओं की आपूर्ति की जाये। थोड़े समय के राजनीतिक लाभ के लिए पारदर्शी तरीके से लोकप्रिय निर्णय आम हो गए हैं। जाहिर है, इस कारण, सुशासन की राह में केवल खराब आर्थिक प्रबन्धन ही बाधा नहीं है बल्कि एक राजनीतिक व्यवस्था भी—जिसके बारे में हमारे संविधान निर्माताओं ने कल्पना भी नहीं की थी—जिसमें शासन को लेकर सकारात्मक भाव कम ही है। हालाँकि, इस बात को लेकर मैंने जब भी युवा श्रोताओं से चर्चा की तो उनको इस बात को लेकर बड़ा आश्चर्य हुआ कि राजनीतिक व्यवस्था और आर्थिक प्रदर्शन के बीच जिस तरह का आवयविक सूत्र है। उनके हिसाब से—और यही सूचना उन्होंने ग्रहण की है कि शासन सिर्फ़ कुछ गुमराह नौकरशाह और भ्रष्ट मन्त्रियों का मामला होता है और अगर उनको गिरफ़्तार कर लिया जाये या उनको सज़ा मिल जाये सब कुछ ठीक हो जायेगा। जब मैं यह सवाल पूछता हूँ कि गठबन्धन को प्रभावी और अनुशासित तरीके से चलाने के लिए किस तरह के सुधारों की ज़रूरत है तो जवाब में पूरी तरह से ख़ामोशी छा जाती है। उनमें से कई इस बात के बारे में बोलते हैं कि जिस तरह से ख़राब ढंग से संसद का कामकाज चलता है, लेकिन उनमें से किसी को भी इस बारे में पता नहीं होता कि पीठासीन

अधिकारियों के क्या अधिकार होते हैं तथा वे हालात को ठीक करने की दिशा में क्या कदम उठा सकते हैं। कारणों के ऊपर बहुत अधिक ज़ोर है, जिसके ऊपर मीडिया का ज़रूरत से ज़्यादा ज़ोर होता है, कारण और समाधानों के ऊपर कोई बात उसमें नहीं होती है।

हमारा जनतन्त्र जिस गलत तरीके से चल रहा है उसको ले कर युवाओं में शिकायतें बहुत अधिक होती हैं। काला धन और राजनीतिक पार्टियों के बीच सम्बन्ध एवं राजनीति के अपराधीकरण को ले कर ख़ूब चर्चा होती है। लेकिन उनमें से बहुत कम लोग यह कह पाते हैं कि विश्वसनीय तरीके से क्या किया जा सकता है। जब मैं यह कहता हूँ कि एक ऐसा क़ानून मौजूद है और जिसे चुनाव आयोग बरसों से अक्षम करने में लगा हुआ है और जिसके मुताबिक़ अगर चन्दा 20 हजार रुपये से कम का है तो राजनीतिक पार्टियाँ उसे देने वाले के नाम का उद्घाटन नहीं कर सकती हैं। और यही संस्थानिक रूप से मुख्य सम्पर्क सूत्र बन गया है राजनीति और काला धन में, तो यह सुन कर वे जानकारी न होने की बात करते हैं। वे यह तो चाहते हैं कि राजनीति स्वच्छ हो, लेकिन इसको ले कर वे साफ़ नहीं होते कि क्या पार्टियों को अपनी आय का वार्षिक विवरण देना चाहिए, या उनकी जाँच कौन करेगा या अगर यह व्यवस्था कमज़ोर है तो इसको बदलने वाली व्यवस्था कौन-सी होनी चाहिए। उनमें से अनेक हैं जो आईटी के विशेषज्ञ हैं लेकिन बहुत कम ने ऐसा सोचा है कि इसके माध्यम से पार्टियों द्वारा पैसों के सभी लेन-देन किस तरह किये जायें तथा उसे स्वच्छ तरीके से उस वेबसाईट पर रखा जाये जहाँ से उसे सूचना का अधिकार अधिनियम के अन्तर्गत उपलब्ध करवाया जा सकता हो। सबसे कोलाहल भरा प्रदर्शन शायद भ्रष्टाचार के लिए बचा कर रखा गया था। लेकिन, यहाँ भी सिवाय लोकपाल बिल के जिसे अप्रत्याशित ख्याति इस वजह से मिली क्योंकि इसको लागू करवाने को ले कर अन्ना हजारे ने आन्दोलन चलाया था, वे इस बात को लेकर स्पष्ट नहीं हैं कि इस अपराध को ख़त्म करने या बहुत कम करने के लिए संस्थानिक तौर पर क्या उपाय अपनाये जा सकते हैं। बहुत कम लोगों ने लोक सेवा अधिकार के बारे में जानकारी पाने की जहमत उठाई, जो कि सफलतापूर्वक मध्यप्रदेश और बिहार में लागू है, जिसके अन्तर्गत आम जन को प्रभावित करने वाली सेवाओं को बड़े पैमाने पर ऑनलाइन कर दिया गया, जिसके ऊपर इस

बात का उल्लेख किया गया है कि उस सेवा को कितने दिनों में सम्पन्न कर दिया जायेगा, और उस नियत दिन में जितनी देरी हो उसके लिए सम्बद्ध अधिकारियों पर जुर्माने का प्रावधान है। मध्यवर्ग के लोग यह तो चाहते हैं कि भ्रष्ट लोगों को जल्दी-से-जल्दी सज़ा दी जाये, लेकिन उन्होंने इस तरफ दिमाग़ दौड़ाने की कोशिश नहीं की है कि इसके लिए किस तरह के न्यायिक सुधार की ज़रूरत होगी। हालाँकि यह कहा जा सकता है कि आम मध्यवर्गीय आदमी रोज़-रोज़ के कामों के बोझ से इस कदर लदा हुआ है कि उससे शायद ही इसकी उम्मीद की जाती है कि वह इस तरह के मामलों के बारे में विस्तार से पढ़े। लेकिन यह कोई वैध तर्क नहीं हो सकता है। मध्यवर्ग शिक्षित है। समाचार और विश्लेषणों तक उसकी पहुँच है। वह सम्मिलित तौर पर यह काम कर सकता है। उसकी आवाज़ को सुनने के लिए विवश किया जा सकता है।

दुःख की बात यह है कि गुस्सैल एवं अधीर वर्ग आजकल उस भाव से गुजर रहा है जिसे 'जादू की छड़ी' वाला भाव कहा जा सकता है। देश को परेशान करने वाली समस्याओं के लिए यह जादू की एक छड़ी चाहता है, एक ऐसी चाबी जो कि सभी तालों को खोल दे, एक ऐसा समाधान जो सभी हालात के अनुकूल हो। एक समय ऐसा था जब इस वर्ग के बहुत सारे लोगों को वह समाधान परिवार नियोजन में दिखाई देता था। उनका यह मानना था कि भारत की दुर्दशा का बड़ा कारण यह है कि यहाँ बहुत सारे लोग हैं, सो भी बहुत सारे आम आदमी। इसलिए उनको इमरजेंसी के दौरान संजय गाँधी द्वारा अलोकतान्त्रिक, मनमाने ढंग से चलाया जाने वाला जनसँख्या रोकने का कार्यक्रम पसन्द आया जिसमें जनसंख्या कम करने के लिए नसबन्दी का कोटा तय कर दिया गया था, जिसे हर हाल में पूरा किया जाना होता था चाहे उसके लिए कुछ भी करना पड़े। उनको बाद में इस बात का अन्दाजा हुआ कि इस तरह के कार्यक्रम लोकतान्त्रिक आज़ादी को कम करने से जुड़ा हुआ ही कार्यक्रम था, और मनमाने तरीके से लक्षित किये जाने से वे भी नहीं बच सकते थे। जब अन्ना ने 2011 में लोकपाल बिल के लिए आन्दोलन शुरू किया, तो मध्यवर्ग को लगने लगा कि यही वह जादुई छड़ी है जो देश को भ्रष्टाचार से मुक्त करवा देगी। काफ़ी शिक्षित भारतीय ऐसे थे जो बाबा रामदेव के भाषणों से प्रभावित हो कर यह मानने लगे थे कि देश की बुराइयों

का एकमात्र कारण वह काला धन है जो विदेशों में छिपा कर रखा गया है। इसलिए उस काले धन को वापस लाने से देश में ख़ूब समृद्धि आ जायेगी। मुद्दे से ठीक तरह से जुड़ाव नहीं होने के कारण उनके दिमाग़ में यह झटपट का समाधान ठहर गया। चाहे वह समावेशी मुद्दों के बावजूद उच्च आर्थिक विकास की बात हो, या बिना इस बात की समझ के सुशासन की बात हो कि गठबन्धन सरकारों के कामकाज में सुधार की ज़रूरत है, या बिना ढाँचे में सुधार की जानकारी के स्वच्छ राजनीति की बात हो, जो बरसों से लम्बित पड़ा हुआ है, जो अपने आप में इस लक्ष्य को वास्तविकता में बदल सकता है। जादुई छड़ी के दृष्टिकोण के कारण मसीहा की प्रवृत्ति को बढ़ावा मिलता है। अपनी तमाम चिन्ता के बावजूद, और बावजूद इसके कि उसके अपने ही समाज के भीतर सम्मिलित आवाज़ उठायी जा रही होती है, मध्यवर्ग में इस बात की प्रवृत्ति पायी जाती है कि वह तब तक निष्क्रिय पड़ा रहता है जब तक कि कोई बाहरी शक्ति उसे ऐसा करने एक लिए प्रेरित न करे। यह कोई अन्ना हजारे जैसा हो सकता है, जो मध्यवर्ग को भ्रष्टाचार के ख़िलाफ़ सड़क पर ले आये थे। जब इस तरह का मसीहा आता है तो यह वर्ग उसके त्याग के साथ संघर्ष करने लगता है। कुछ देर के लिए उसकी पूजा होने लगती है। फिर एक नई सुबह का हो हल्ला होने लगता है, 'दूसरी आज़ादी' की बात की जाने लगती है। मध्यवर्ग में यह प्रवृत्ति पायी जाती है कि वह अपने नये गड़ेरिये के पीछे भेड़ के झुंड की तरह चलने लगती है। नायक पूजा होने लगती है, लेकिन एक बार फिर अपने आपको ले कर, अपने व्यवहार को ले कर किसी तरह का आत्मनिरीक्षण नहीं किया जाता है। इस बात को ले कर कि हम भ्रष्टाचार से कितना समझौता करते हैं। जब उस मसीहा का प्रभाव कम होने लगता है, जैसा कि अन्ना हजारे के मामले में हुआ, जब रामलीला मैदान के नाटकीय सत्याग्रह के बाद के महीनों में मध्यवर्ग फिर से अपने खोल में वापस चला गया, किसी और मसीहा के इन्तज़ार में जो आये और इन बातों को आगे ले जाये। यही अरविन्द केजरीवाल के साथ हो रहा है, जो नई सफल पार्टी 'आम आदमी पार्टी' के नेता हैं। उनकी व्यक्तिगत ईमानदारी, रहन-सहन में सादगी, राजनीतिक तौर पर उपलब्धता, और यह वादा कि वे भ्रष्टाचार की व्यवस्था को बदल कर बिलकुल एक नये ढंग की शासन व्यवस्था को लायेंगे, ये कुछ ऐसी बातें हैं जिसने उनको मध्यवर्ग के नये मसीहा के रूप में स्थापित किया। एक बार फिर, यह ने यह देखा कि

जिस तरह के बदलाव मध्यवर्ग देखना चाहता था उसने एक और नये मसीहा को पैदा किया। वे अपने संघर्ष के माध्यम से मुक्ति दिलवायेंगे। उनको ले कर जो हो हल्ला है वह पहले जैसा ही है, और इस मामले में इतिहास एक तरह से अपने आप को दोहरा रहा है कि जिस तरह से उम्मीदों में बड़े पैमाने पर वृद्धि हुई है। अगर केजरीवाल इन उम्मीदों को पूरा कर देते हैं तभी वे आगे चल पायेंगे। अगर नहीं, तो निराशा तुरन्त घर कर जायेगी। गुस्से और कटुता से भरा हुआ मध्यवर्ग अगले मसीहा का इन्तज़ार करने लगेगा। इसमें कोई गलत बात नहीं है कि शिक्षित भारतीय सही मार्गदर्शक की तलाश में है, या एक ऐसे नेता की जो उसके सम्मान के लायक हो। लेकिन तब कुछ गलत होता है जब कुछ करने के लिए किसी नेता का इन्तज़ार किया जाये, चाहे वह कार्रवाई के मामले में हो या संगठन के मामले में। तब मसीहा वह बैशाखी बन जाता है जिसके सहारे उस रास्ते पर चला जाता है जिस सामाजिक मुद्दों के रास्ते के बारे में गहराई से जानकारी न के बराबर होती है। वह जोश या मोहभंग को भड़काने का एक माध्यम बन जाता है, लेकिन वह शायद ही इस बात में सफल हो पाता है। अपने प्रयासों के माध्यम से इस वर्ग को प्रेरित कर सके कि वह अपने प्रयासों के माध्यम से रचनात्मक बदलाव लाये। यह वही प्रवृति है जो मजबूत तानाशाह नेता की खोज के लिए जिम्मेदार हो। इमरजेंसी के दौरान यह आम सोच थी कि भारत को एक ऐसे नेता की ज़रूरत है जो डण्डे के बल पर शासन कर सके। थोड़ा-सा अनुशासन और डण्डे का प्रयोग अराजक देश के लिए ज़रूरी माने गये। आम जनता अपने जूतों के लिहाज से बहुत बड़ी हो रही थी। मजबूत नेतृत्व बिना अधिक जनतान्त्रिकता की माँग के देश को पटरी पर वापस ले कर आयेगा। इसलिए जैसा कि हमने पहले चर्चा की, मध्यवर्ग में इन्दिरा गाँधी के प्रति शुरू में आदर का भाव था जब उन्होंने इमरजेंसी लागू करके सभी जनतान्त्रिक अधिकारों पर पाबन्दी लगा दी।

सच्चाई यह है कि जादू की छड़ी एवं मसीहा प्रवृत्ति के कारण मध्यवर्ग आज भी तानाशाह नेताओं के प्रभाव में आ जाता है। उसका जादू, ख़ास कर तब जब वह मध्यवर्ग की चिन्ताओं को समर्थन देता है, और ऐसे प्रतीत होता है जैसे वह एक जनतान्त्रिक देश की प्रतिस्पर्धी प्राथमिकताओं के बीच एक बदलाव के लक्ष्य की तरफ़ बढ़ेगा, इसके प्रति झुकाव अभी भी लुभावना है।

वह मसीहा फिर अपने मजबूत, समझौता न करने वाले, तानाशाह नेतृत्व के प्रदर्शन के माध्यम से समाधान देने वाली जादू की छड़ी बन जाता है। उसकी विशिष्टता होती है लोकतान्त्रिक शासन की सूक्ष्मताओं के प्रति दम्भपूर्ण रवैया। वह सभी प्राथमिकताओं को पीछे छोड़ महज एक या दो ऐसे लक्ष्यों की बात करता है जिसके कारण मध्यवर्ग उसे ऊँचे आसन पर बिठाता है। जिसका नतीजा होता है दो साथ-साथ चलने वाली ख़तरनाक बातें। समस्याओं के समाधान को ले कर अगर मध्यवर्ग का रवैया सरलीकरण का होता है तो ऐसा उस प्रवृत्ति पर बल देते हुए समस्याओं का सरलीकरण कर देता है। कुछ लक्ष्य ऐसे होते हैं जिनकी अनुगूँज जबरदस्त होती है। किसी भी सूरत में आर्थिक विकास उनमें एक है। एक ऐसा वर्ग जो सदा ऊँचाई की तरफ अग्रसर होता है वह आर्थिक विकास को सबसे अधिक महत्व देता है। उसके लिए आर्थिक विकास का मतलब होता है अधिक नौकरियाँ, अधिक आय, कम-टैक्स और अधिक उपभोक्ता वस्तु। कोई भी ऐसा व्यक्ति जो सुशासन का ऐसा उदाहरण देता है उसे मसीहा बनने का अधिकार होता है, उससे कोई सवाल नहीं पूछा जाता है। एक और लक्ष्य जो समर्थन के मामले में कभी भी कमतर साबित नहीं होता है वह है राष्ट्रवाद। हम जिस राष्ट्रवाद की बात कर रहे हैं वह कोई साधारण किस्म का राष्ट्रवाद नहीं है जो कि हर नागरिक में होना चाहिए। हम जिस महा-राष्ट्रवाद की बात कर रहे हैं उसमें वीर पूजा की भावना होती है तथा किसी राष्ट्र के प्रति घृणा का भाव होता है जो एक-तरह का अन्ध राष्ट्रवाद होता है, इस तरह का जिसमें किसी तरह की बहस की गुंजाईश नहीं होती है। नेता की ताकत का अन्दाज़ा इससे लगाया जाता है कि वह इन लक्ष्यों को हर आम आदमी के स्तर तक ले जाये। उसे अपने दृष्टिकोण को बिना किसी बौद्धिकता के सामने रखना चाहिए, बहुत सहज-सरल ढंग से, और उसे अपने विचार के विरोधी हर तरह के सम्भावित विचार को ख़ारिज करने वाला होना चाहिए। उसे किसी भी प्रकार के विरोध या वाद-विवाद के प्रति असहिष्णु होना चाहिए और चाहे वह बातचीत उसके अपने विश्वसनीय लोगों के बीच ही क्यों नहीं हो रही हो, या उसके शासन के महान विचारों एवं राष्ट्र के पुनरोद्धार को ले कर हो। उसके बयानों में किसी तरह का संशय नहीं होना चाहिए, न ही उसे किसी तरह के विकल्प को स्वीकार करने वाला होना चाहिए। उसे अपनी बात साफ़ तरीके से रखनी चाहिए, इस तरह से अपनी बात करनी चाहिए जैसे उसकी बात अन्तिम हो,

और उसके आसपास पूर्ण निश्चितता का आभामण्डल होना चाहिए। इसमें अगर सहज ढंग से कठोरता से अपनी बात कहने का कौशल आ जाये तो इस सम्मिलन से बेहतर कुछ भी नहीं हो सकता है। यहाँ तक कि इतिहास का चलताऊ ज्ञान भी ऐसे नेताओं को ऊँचा उठाने के लिए काफ़ी होता है। यह याद रखने की बात है कि हिटलर जनतान्त्रिक ढंग से निर्वाचित होकर सत्ता में आया था और विशेषकर उसे मध्यवर्ग का ही उत्साहपूर्वक समर्थन मिला था। उसने विकास और राष्ट्रवाद के दो लक्ष्यों को सामने रखा था और बाकी सबको बंजर बताते हुए यह कहते हुए ख़ारिज कर दिया कि ये सब अयोग्य उदारवादियों एवं साम्यवादियों के काम के होते हैं। जर्मनी का मध्यवर्ग उसकी तरफ़ खिंचा चला आया क्योंकि उसने यह वादा किया था कि वह गठबन्धन की अस्थिर राजनीति का अन्त कर देगा और जर्मनी की आर्थिक उथल-पुथल को शान्त कर देगा। इस उम्मीद में, वे उसकी हर बात को सहते रहे, चाहे निर्मम तरीके से अपने विरोधियों को ख़त्म करना रहा हो या खुफ़िया के माध्यम से अपने आलोचकों को शान्त करना, और तानाशाही राज्य की स्थापना जिसे उन्होंने गलती से व्यवस्था की पुनर्स्थापना समझ लिया। उनके ऊपर हमला किया गया, उसकी भावनात्मक घोषणाओं द्वारा जिसमें वह अपने पितृभूमि के प्रति पूर्ण समर्पण की बात करता था, और बिना किसी पारिवारिक जीवन के उसके ब्रह्मचर्य कि अवस्था के आधार पर। वे उससे तब प्रभावित हुए जब जर्मनी के सबसे शक्तिशाली उद्योगपतियों की मदद से उसने महत्वकांक्षी पुल बनवाये, रेल लाइन बिछाईं—आधारभूत संरचना के विकास का सबसे बड़ा कार्यक्रम यही था जो जर्मनी ने तब तक के इतिहास में देखा था। उनको तब गर्व का अनुभव हुआ जब उसने बड़े पैमाने पर 'राष्ट्रवादी' स्थापत्य का निर्माण शुरू करवाया। जब 1932 से 1936 के दौरान बेरोजगारी साठ लाख से कम हो कर दस लाख रह गई, जिसका कारण था सरकार द्वारा करवाये जा रहे बड़े पैमाने पर निर्माण कार्य तथा सरकार द्वारा प्रायोजित आर्थिक गतिविधियों के कारण, तब उनको लगने लगा कि उनका यह भरोसा कितना सही था। वे उसके सम्मोहक भाषणों से भी बहुत प्रभावित थे, और विदेश नीति में उसकी आक्रामकता को भी वे पसन्द करते थे, वह लापरवाही से जर्मनी का सशस्त्रीकरण कर रहा था, और जर्मनी के सम्मान को वापस दिलाने की बात कर रहा था। वे उसके शासन सिद्धान्तों के सबसे मुखर हामी थे, जो कभी गलत न होने वाले वाले शासक का सिद्धान्त था।

जो सबसे बुरी बात थी वह यह कि उन्होंने उसकी नस्लीय, जातीय और धार्मिक आधार की राजनीति का समर्थन किया और जिसका नतीजा निकला यहूदियों और स्लाव के नरसंहार के रूप में 1939 से 1945 के बीच करीब 5.5 मिलियन यहूदी, दो मिलियन पोलिश नागरिक, 3 मिलियन के करीब सोवियत बन्दी और करीब 2 लाख से 15 लाख के बीच रोमानी जिप्सियों को मार डाला गया। मैंने अक्सर खुद से यह सवाल पूछा है कि किस तरह जर्मन मध्यवर्ग, या किसी भी तरह से शिक्षित और ईश्वर से डरने वाला किसी भी देश के नागरिक इस तरह के क्रूर कृत्यों के हामी किस तरह से हो सकते हैं। शायद इसका उत्तर छिपा हुआ है उस अपेक्षाकृत सहज भाव में कि यह वर्ग अपने तात्कालिक हितों को ले कर एकाग्र रहता है कि वह सहज भाव से किसी दुर्जन के पीछे आसानी से हो सकता है। अगर वह दुर्जन यह वादा करता है कि वह उन हितों की पूर्ति करेगा, तो वह अपने असली एजेंडे को आगे बढ़ा सकता है, इस बात को ले कर आत्मविश्वास से परिपूर्ण होकर कि मध्यवर्ग उसके तिकड़म को नज़रअन्दाज़ करेगा। या शायद यह, एक बार जब कोई दुर्जन जब मध्यवर्ग के कन्धे पर चढ़ कर पूर्ण सत्ता को पा लेता है तो मध्यवर्ग बदले के डर से खामोश रहता है। शुरुआती खुशामद के बाद में डर का भाव आ जाता है, लेकिन तब तक बोलने के लिहाज से देर हो चुकी होती है। किसी भी तरह, यह सम्भावना कि यह भारत में भी सम्भव हो सकता है वास्तविक ख़तरे को उपस्थित करता है। हज़ारों साल से भारत में विभिन्न धर्मों को मानने वाले लोग रहते आये हैं। दुनिया के चार महान धर्मों का यहाँ जन्म हुआ—हिन्दू धर्म, बौद्ध धर्म, जैन धर्म और सिख धर्म। सैकड़ों साल पहले ईसाई धर्म को केरल के तट पर जगह मिली। और इस्लाम धर्म के अनुयायी हमारे देश में दुनिया में किसी भी जगह से अधिक संख्या में हैं। महत्वपूर्ण बात यह है कि इन धर्मों को मानने वाले भौगोलिक रूप से अलग-अलग नहीं रहते हैं। वे देश के सभी हिस्सों में रहते हैं, एक-दूसरे के साथ घुले मिले हुए। उदाहरण के लिए, मुसलमानों की संख्या 120 मिलियन से ऊपर है—जो कुल जनसंख्या का 13 प्रतिशत है। जम्मू एवं कश्मीर में वे बहुसंख्यक हैं (65 प्रतिशत)। पश्चिम बंगाल, असम और केरल में उनकी जनसंख्या कुल आबादी का करीब एक चौथाई है। उत्तर प्रदेश में उनकी जनसंख्या 30 मिलियन से अधिक है, और बिहार में उसके आधे से कुछ अधिक, जो कि हंगरी या ग्रीस की कुल आबादी से

अधिक है। कर्नाटक में उनकी उपस्थिति मानीखेज है (11 प्रतिशत) और तमिलनाडु में 5 प्रतिशत। कहीं भी वे बहुसंख्यक आबादी से कटे हुए नहीं हैं। वे राष्ट्रीय बनावट का हिस्सा हैं, उसके अविभाज्य रूप में, वही भाषा बोलते हैं, वही फ़िल्में देखते हैं, वही खाना खाते हैं और एकसमान संस्कृति का हिस्सा हैं। इसलिए देश में सह-अस्तित्व अनिवार्य है वह कोई विकल्प नहीं है। 1947 में मुख्यमन्त्रियों को लिखे गये पहले पत्र में नेहरू ने साफ़ तौर पर लिखा था : 'हमारे मुसलमान अल्पसंख्यक हैं, जिनकी तादाद इतनी अधिक है कि वे चाहें भी तो कहीं और नहीं जा सकते हैं। उनको भारत में ही रहना है। यह वह बुनियादी बात है जिसके बारे में किसी तरह का तर्क-वितर्क सम्भव नहीं।' इसी कारण से महात्मा गाँधी की धर्मपारायण भक्ति, नेहरू की नास्तिकता, अम्बेडकर की तार्किकता, मौलाना आजाद का सर्वधर्मसमभाव तथा अटल बिहारी वाजपेयी का बुद्धिमानी भरी व्यावहारिकता ने मिल कर एक ऐसे भारत का निर्माण किया जहाँ सभी धर्मों के लोग सहज ढंग से रहें। इसी तरह, भारत के लोगों ने इस सहज सत्य को आत्मसात किया कि सिद्धान्तों की जटिलताओं के परे बने रहने का इससे अलग कोई राह नहीं है कि सभी एक-दूसरे के साथ रहना सीख लें।

इसलिए मध्यवर्ग अगर किसी व्यक्ति के इस वादे के छलावे में आ कर कि किसी भी कीमत पर आर्थिक विकास किया जायेगा, या उसके उग्र राष्ट्रवाद के झाँसे में आ कर उसको समर्थन देता है या किसी ऐसी शक्ति को समर्थन देता है जो इस अन्तर्निहित और अविभाज्य बहुलतावाद को अस्थिर या बर्बाद करना चाहता है जो हमारे देश या सभ्यता को परिभाषित करता है, तो यह राष्ट्रीय स्तर पर त्रासदी होगा। यह ख़तरा, दुखद रूप से, वास्तविक है न कि सैद्धान्तिक। हमने यह 1992 में रामजन्मभूमि-बाबरी मस्जिद विवाद के दौरान देखा जब मध्यवर्ग का बड़ा हिस्सा इस सावधानीपूर्वक तैयार किये गये राजनीतिक कार्यक्रम के प्रभाव में आ गया था जिसका उद्देश्य धार्मिक विभेद को भड़काना था। बहरहाल बाद में सद्बुद्धि आयी और यह कदम भाजपा के लिए उल्टा पड़ गया। शुरू में तो उसे साम्प्रदायिक विद्वेष भड़काने का फायदा हुआ, लेकिन धीरे-धीरे इसको मिलने वाला राजनीतिक समर्थन जाता रहा, और आख़िरकार यह उत्तर प्रदेश में सबसे बड़े राजनीतिक दल के रूप में भी नहीं बच पाया। अगस्त 2003 में इण्डिया टुडे द्वारा करवाये गये

सर्वेक्षण 'देश का मूड' में लगभग 50 प्रतिशत लोगों ने कहा कि अयोध्या उनके मतदान को निर्धारित नहीं करता है। अयोध्या में, शहर के दुकानदारों, जो परम्परागत रूप से भाजपा के मजबूत समर्थक रहे हैं, की बड़ी चिन्ता यह थी कि मन्दिर बनाये जाने के कारण उनके काम धन्धे में बड़े पैमाने पर कमी आयी थी। भारत के विविध हिस्सों में, ग्रामीण और शहरी दोनों, इसके असंख्य उदाहरण हैं कि सभी समुदाय सौहार्द के साथ रहते हैं, तथा आर्थिक अवसरों एवं सामाजिक सामंजस्य के मामले में एक-दूसरे के साथ सहभाव रखते आये हैं। जिसका नतीजा यह है सदियों के सह-अस्तित्व के कारण, उनका मूल स्वभाव यह बन गया है कि धार्मिक नफ़रत को भुला कर व्यवहारिक रूप से उस साझी संस्कृति को स्वीकार करें जिसके कि वे उत्तराधिकारी हैं। इसका बेहतर उदाहरण देखा जा सकता है मुम्बई में हुए एक के बाद एक बम धमाकों में।

1993 में, बाबरी मस्जिद के ध्वंस के ठीक बाद बम धमाकों के कारण धार्मिक दंगों का उन्माद भड़क उठा। एक के एक बाद, जब आतंकवादियों ने फिर से बम धमाके किये तो यह नहीं हुआ। शिवसेना ने 30 जुलाई को बम धमाकों के विरोध में बन्द का आह्वान किया, लेकिन मुस्लिम संगठन भी उसकी निन्दा में उसी तरह से आगे आये। जब 25 अगस्त को फिर से बम धमाके हुए और उसमें 47 लोग मारे गये और अनेक लोग घायल हो गये, तो बाइकुला के जेजे अस्पताल के बाहर ख़ून देने के लिए हिन्दू और मुसलमान दोनों ही लाइन में खड़े हुए। सबसे बढ़ कर, अगके ही दिन देश की आर्थिक राजधानी में सब कुछ सामान्य रूप से चालू हो गया। उपनगरीय ट्रेनों और बसों में ठसाठस भीड़ थी, और फेरीवाले लौट आये थे, सिनेमा घरों में भीड़ थी, और मुम्बई का शेयर बाजार जो बम विस्फोट वाले दिन गिर गया था, उसमें जबरदस्त तेज़ी आ गई। सामान्य तौर पर, यह कहना गलत नहीं होगा कि भारत का शिक्षित वर्ग उस धार्मिक विभेद से आगे निकलना चाहता है जो महन्तों एवं मुल्लाओं द्वारा चलाया जाता है और जो उनको धर्मनिरपेक्ष अवसरों की धरती से दूर ले जाता है।

लेकिन कम अवधि के राजनीतिक लाभ के लिए धार्मिक हिंसा को जानबूझ कर फैलाने का ख़तरा, जिसमें मध्यवर्ग को चारे की तरह इस्तेमाल

किया जाता है, अब भी मौजूद है, और इसे कम नहीं किया जा सकता है। 2002 के गुजरात दंगे को हवा दी गई थी गोधरा में ट्रेन के एक डिब्बे को जलाए जाने से, जिसमें 58 हिन्दू, जिसमें अयोध्या से लौट रहे कारसेवक भी थे, मारे गये। बदले में, मुसलमानों के ख़िलाफ़ कार्रवाई की गई। कुछ आकलनों के अनुसार, करीब 3 हज़ार मुसलमानों को नृशंस तरीके से मार डाला गया, असंख्य महिलाओं के साथ बलात्कार किया गया तथा सैकड़ों घरों को जला कर राख कर दिया गया। बहुत लोगों का यह मानना है कि, और ऐसा नहीं है कि वे इसके उदाहरण नहीं दे सकते, कि हत्याएँ और हिंसा पहले से तय थे, और जो महत्वपूर्ण नेताओं एवं राज्य सरकार के अधिकारियों के इशारे पर किये गये थे, जो आदेशों का पालन कर रहे थे। दंगे, जिनको अनेक लोगों ने नरसंहार की संज्ञा दी, ने भारत के इस दावे के ऊपर हमेशा के लिए एक दाग़ छोड़ दिया कि वह एक सभ्य देश है। एक और कठोर उदाहरण 2013 में देखने में आया जब अगस्त में मुजफ्फरनगर में धार्मिक दंगे शुरू हो गये। किस बात से हत्याओं का सिलसिला शुरू हुआ यह विवाद का विषय है, वह सड़क पर ट्रैफ़िक को ले कर हुआ झगड़ा था या छेड़छाड़ की घटना। दुखद बात यह है कि एक छोटी-सी घटना के कारण इतने बड़े पैमाने पर साम्प्रदायिक दंगे शुरू हो गये जैसे कि उत्तर प्रदेश में देखने में नहीं आये थे और जिसकी वजह से सेना को बुलाना पड़ा जिसे पिछले 20 सालों में पहली बार बुलाना पड़ा था। रातोंरात, जाट और मुसलमान, जो शान्तिपूर्वक रहते आये थे, पश्चिम उत्तर प्रदेश की उपजाऊ जमीन पर साथ-साथ गन्ना उगाते आये थे, एक-दूसरे के जानी दुश्मन बन गये। जब हिंसा बढ़ी तो राजनीति से जुड़े लोग लाशों के ऊपर गिद्ध की तरह मँडराते हुए चुनावी फायदे का खेल खेलने लगे। भड़काऊ भाषण दिये गये। झूठे वीडियो प्रसारित किये गये। नफ़रत भड़काने के लिए सोशल मीडिया का इस्तेमाल किया गया। आरोप-प्रत्यारोप के दौर चले। इधर यह बाँटने वाला राजनीतिक खेल चलने लगा उधर 43 लोग मारे गये तथा करीब 50 हज़ार मुसलमान बेघरबार हो गये, और उनको अपने ही घर में शरणार्थी होने के लिए मजबूर होना पड़ा। शरणार्थी शिविरों में हाड़ कँपाने वाली ठण्ड के कारण भी जानें गईं। अलग-अलग आकलनों में संख्या का अन्तर हो सकता है लेकिन कम से कम 30 वयस्क और 8 नवजात शिशु जमाने वाली ठण्ड में मारे गये। अनेक किसान जो इस जानबूझ कर भड़काई गई हिंसा का शिकार हुए वे

अपेक्षाकृत मध्यवर्ग के तबके का ही हिस्सा थे। वे समाज के हाशिये पर पड़े गरीब नहीं थे, जो आधुनिक भारत से कटा हुआ होता है। उनके बच्चे पढ़े-लिखे थे, उनके घरों में टेलिविज़न थे, उनकी भावनाएँ शहरी थीं, उनके पास मोबाइल फ़ोन थे, और कुछ तो इंटरनेट और सोशल मीडिया से भी वाकिफ़ थे। पहले गुजरात में भी मध्यवर्ग उस उन्मादी भीड़ का हिस्सा बना था जिसने मुसलामानों का कत्लेआम किया, महिलाओं के साथ बलात्कार किये और बच्चों को जिन्दा जला दिया। वे इस अतार्किक नफ़रत तथा इस बददिमाग़ हिंसा के हाथों के खिलौने कैसे बन गये? और, अगर इस कदर साम्प्रदायिक हिंसा 2002 तथा 2013 में सम्भव हो सकती है, तो इस बात की क्या गारण्टी है कि यह आगे फिर नहीं होगा? इसलिए मध्यवर्ग को बेहद चौकस रहना पड़ेगा। उनको इस बात का ध्यान रखना पड़ेगा कि राजनीतिक दलों में ऐसे अनैतिक लोग होते हैं जिनको साम्प्रदायिक दंगे वोट बैंक मजबूत बनाने के साधन लगते हैं। नफ़रत फैला कर समुदायों को ध्रुवीकृत करना उनकी चुनावी रणनीति का हिस्सा होता है। थोड़े समय के लिए अपने स्वार्थ के लिए राजनीतिक लाभ उठाना उनका पहला उद्देश्य होता है। दुःख, दर्द, मौत के रूप में इसकी कीमत उन लोगों को चुकानी पड़ती है जो इस खेल का हिस्सा बन जाते हैं।

यह ख़तरा बहुत हद तक जीवित है, इस समय के राजनीतिक अवसरवाद से परे, राजनीतिक परिक्षेत्र के अन्तर्गत एक महत्वपूर्ण तबका ऐसा है जिसक यह मानना है कि साम्प्रदायिक ध्रुवीकरण उसके गहरे वैचारिक मान्यताओं का हिस्सा है। यह तबका ऐसा है जिसका अपना सांगठनिक ढाँचा है और अनुशासित कार्यकर्ता हैं, जिनका यह मानना है कि भारत मूल रूप से बहुसंख्यक हिन्दुओं की भूमि है, और उस हिन्दुत्व को उस धर्मनिरपेक्ष दृष्टिकोण के स्थान पर स्थापित कर दिया जाना चाहिए जिसकी वजह से हज़ारों सालों से विभिन्न धर्मों के लोग भारत में रहते आये हैं। आचार्य गोलवलकर, जो राष्ट्रीय स्वयंसेवक संघ के सबसे लम्बे समय तक (1940-73) सरसंघचालक रहे, ने लिखा है कि भारत विशिष्ट तौर पर हिन्दुओं की भूमि है, जिसमें अन्य मतावलम्बियों के लिए जगह नहीं है, उनको नागरिक होने के कोई अधिकार नहीं हैं। और आगे जाते हुए उन्होंने नाज़ी जर्मनी की प्रशंसा की है उसने यहूदियों को खत्म करके देश का सर्वोच्च गौरव स्थापित

किया। उनका यह भी मानना था कि मनुस्मृति, जो शूद्रों को हमेशा ब्राह्मणों की सेवा में रहने की बात करता है और महिलाओं की गुलामी की बात करता है, भारत का एकमात्र वैध क़ानून है।

यह सम्भव है कि यह संकीर्ण, कट्टर और ख़तरनाक सोच ही आज के बहुलतावादी भारत में गोलवलकर के अनुयायियों द्वारा उतनी उग्रता से पैरवी नहीं की जाती है। लेकिन यह याद करना ज़रूरी है कि इस तरह की पिछड़ी सोच आज भी प्रेरक पहलू हो सकती है, ख़ासकर कार्यकर्ताओं के स्तर पर, और इस साम्प्रदायिक सोच का राजनीतिक नेतृत्व द्वारा तब तब उपयोग किया जाता है जब उसको मतों को रणनीतिक तौर पर ध्रुवीकृत करना होता है, चुनाव से पहले यह ख़ासतौर पर लुभावना लगने लगता है। इस तरह के घटिया और क्रूर दांवपेंच से इनकार नहीं किया जा सकता है। इसका लक्ष्य होता है कृत्रिम रूप से अल्पसंख्यक तबके के प्रति नफ़रत फैला कर बहुसंख्यक हिन्दू वोट को संगठित करना। इस लक्ष्य को पाने के लिए कई तरह के तर्क दिये जाते हैं। सबसे पहला यह है कि अल्पसंख्यक अपने धार्मिक आचार विचारों में आन्तरिक तौर पर हिन्दुओं से न केवल अलग हैं बल्कि उनका सांस्कृतिक एवं सामाजिक व्यवहार बहुसंख्यक तबके की सांस्कृतिक श्रेष्ठता से कमतर और उनके प्रति भेदभाव भरा है। दूसरा झूठ यह है कि अल्पसंख्यक, ख़ास तौर पर मुसलमान, हिन्दुओं पर प्रभुत्व जमाना चाहते हैं और वे आज भी शासकों की तरह से व्यवहार कर रहे हैं। तीसरा यह है कि मुसलमान और ईसाई दोनों ही सक्रिय तौर पर हिन्दुओं का धर्मान्तरण करने में लगे हुए हैं, और यह हँसने की बात है कि सुन्दर मुसलमान युवक हिन्दू लड़कियों को अपने जाल में 'लव जिहाद' के लिए फँसा रहे हैं। चौथा यह कि मुसलामानों की आबादी हिन्दुओं के मुकाबले तेज़ी से बढ़ रही है, और इस दर से, जल्दी ही हिन्दू अपनी ही धरती पर अल्पसंख्यक बन जायेंगे। पाँचवाँ यह, जो मुसलमानों के ख़िलाफ़ सबसे सशक्त हथियार है, कि मुसलामानों के तुष्टिकरण की नीति का पालन किया जा रहा है जो हिन्दुओं के प्रति भेदभाव से भरा हुआ है। उपरोक्त सभी तर्क या तो झूठ हैं या आधे झूठ। अल्पसंख्यकों के धार्मिक, सामाजिक और सांस्कृतिक आचार-विचार अलग अलग हो सकते हैं—और जो कि सहज भी है—लेकिन सदियों से उनमें काफी कुछ मेल-मिलाप भी होता रहा है, जिसने सभी भारतीय के बीच पुल

बनाये हैं उनके बीच सामानताओं को विकसित किया है। इसका कोई सबूत नहीं है कि मुसलमान किसी पर प्रभुत्व जमाना चाहते हैं, हालाँकि, जाहिर है, शिक्षा एवं आर्थिक विकास के कारण अन्य भारतीयों की तरह पहले से अधिक मुसलमान उन्हीं अवसरों के लिए प्रतिस्पर्धा कर रहे हैं। यह मानना कि मुसलमानों की जनसंख्या तेजी से बढ़ रही है गलत है और यह बात अनेक तटस्थ शोधों द्वारा सामने आयी है। जनसंख्या वृद्धि सम्बन्धी आंकड़ों में थोड़ा बहुत अन्तर हो सकता है, लेकिन यह बात सिद्ध नहीं होती कि यह कोई ऐसी प्रवृत्ति है जो प्रचलन में है, और इससे यही बात सिद्ध होती है कि भारतीय लोग आर्थिक पायदान की आखिरी सीढ़ी पर हैं और शिक्षा से महरूम हैं तथा चिकित्सा सेवाओं से दूर हैं इसलिए उनमें जनसंख्या की वृद्धि दर तेज़ है। इस तर्क के समर्थन में कि हिन्दुओं को ईसाई या मुसलमान बनाया जा रहा है कुछ उदाहरण मिल सकते हैं, लेकिन जबरदस्ती धर्मान्तरण कानूनन अपराध है, और इससे हिन्दुओं के बहुसंख्यक दर्जे को ले कर कोई ख़तरा नहीं है। 'लव जिहाद' की बात तो इतनी बकवास है कि इसके बारे में कुछ कहा भी नहीं जा सकता है।

'तुष्टिकरण' के तर्क से मध्यवर्ग ख़ास तौर पर प्रभावित है और इसके बारे में अक्सर सुना भी जाता है। यह सच है कि जिस तरह से भाजपा हिन्दू वोट बैंक को मजबूत बनाना चाहती है उसी तरह अन्य राजनीतिक पार्टियाँ भी हैं जो मुसलमानों के समर्थन के लिए अनावश्यक रूप से उनको कुछ देने की नीति को अपनाती हैं या भेदभावपूर्ण उपायों को अपनाती हैं जैसे ख़ास तौर पर ऐसे क़ानूनों को लागू करने में लगती हैं जिनको सभी भारतीयों पर समान तौर पर लागू किया जाना चाहिए। इस तरह के उद्देश्य वाली नीतियों की निन्दा की जानी चाहिए तथा उनका विरोध होना चाहिए। हालाँकि, अल्पसंख्यकों के लिए कुछ भी किये जाने को तुष्टिकरण के रूप में देखा जाना भी निन्दनीय है। भारत का संविधान अल्पसंख्यकों की संरक्षा एवं बेहतरी के लिए कई तरह के उपाय करता है। मुसलमान समुदाय का बहुसंख्यक अनेक सामाजिक तथा आर्थिक मानकों के आधार पर समाज के निचले पायदान पर है। जिस तरह से संविधान में अनुसूचित जाति एवं जनजाति तथा अन्य पिछड़ा वर्ग के लिए मंडल आयोग की सिफ़ारिशों के तहत प्रावधान किये गये हैं, यह एक अच्छी नीति है पिछड़े अल्पसंख्यक तबके के लिए, कानून के अन्तर्गत,

विशेष तौर पर उनको सुविधाएँ देने और उनकी संरक्षा के माध्यम से इस योग्य बनाया जा सके ताकि वे जनतान्त्रिक धर्मनिरपेक्ष एवं प्रगतिशील भारत की मुख्यधारा के अवसरों का समान रूप से लाभ उठा सकें। तथ्यों को सन्दर्भ से अलग करके रखना और बढ़ा-चढ़ा कर इस बात को रखना कि मुसलमानों का तुष्टिकरण किया जा रहा है और हिन्दुओं के साथ भेदभाव किया जा रहा है, असल में इस लक्ष्य के साथ किया जाता रहा है कि हिन्दू मतों को अल्पसंख्यकों के ख़िलाफ़ संगठित रूप से एक किया जा सके। किस हद तक मध्यवर्ग इस साम्प्रदायिक प्रचार का विरोध कर रहा है? प्रमाण यह बताते हैं कि बहुत अधिक नहीं।

लगातार उग्र प्रचार करके साम्प्रदायिक प्रचार करने वाले इस वर्ग को सफलतापूर्वक दो भागों में बाँट पाने में सफल रहे हैं, कभी-कभार इसकी इच्छा के विरुद्ध भी। बावजूद इसके कि इसमें नैसर्गिक तौर पर धर्मनिरपेक्ष अवसरों एवं सामाजिक समरसता के प्रति झुकाव रहा है, लेकिन शिक्षित भारतीय उन झूठे प्रचारों के झाँसे में आ गया है जो सैद्धान्तिक तौर पर यह मानता है कि भारत को सिर्फ़ हिन्दुओं के लिए होना चाहिए। इस तरह की पिछड़ी सोच मध्यवर्ग की इस सोच के सर्वथा विपरीत है कि भारत को आधुनिक और समृद्ध होना चाहिए तथा अन्तर्राष्ट्रीय समुदाय में उसे अपना सम्मान मिलना चाहिए। शिक्षित भारतीय यह चाहता है कि आर्थिक विकास हो, न संकीर्ण, बाँटने वाली नीतियाँ अपनायी जायें। नया ख़तरा यह है कि साम्प्रदायिक शक्तियों ने इस वर्ग की बदलती सोच को ध्यान में रखते हुए उसका समर्थन हासिल करने के लिए नई रणनीति बना रही है। इस रणनीति के तहत आर्थिक विकास के बारे में खुल कर कहा जाता है, हालाँकि उसके पीछे छिपा एजेंडा वही रहता है : धार्मिक ध्रुवीकरण करना। लक्ष्य है कि पहले मध्यवर्ग का ध्यान सुशासन एवं विकास के नाम पर अपनी तरफ आकर्षित किया जा सके, और फिर वास्तविक एजेंडा को सामने रखा जाये, रणनीतिक तौर पर थोड़े दिन बाद, जो धार्मिक भेदभाव की है। इस तरह, सुशासन हिन्दुत्व का वास्तविक लक्ष्य बन गया है। एक तरफ़ इससे जुड़े संगठनों द्वारा यात्राओं के लिए साधुओं एवं महन्तों को जोड़ा जा रहा है, जबकि दूसरी तरफ आर्थिक विकास की बात की जा रही है, ऐसे जताते हुए जैसे दोनों के बीच कोई सूत्र नहीं है। मान्यता यह है कि मध्यवर्ग उस हर आदमी से इस

कदर आसक्त हो जायेगा जो सुशासन और आर्थिक विकास का वादा करे और यह उसके पीछे की चाल को नहीं समझ पायेगा और अब तक चुनावों में इस दोहरी नीति का फ़ायदा मिल जायेगा। अगर मध्यवर्ग साम्प्रदायिक छल के झाँसे में आता है तो इसके परिणाम सैद्धान्तिक नहीं होंगे। वे किसी और की समस्या नहीं होंगे। वे किसी और के पिछवाड़े में नहीं खुलेंगे। वे कोई दूरस्थ समाचार नहीं होंगे जो किसी अनजान आदमी के जीवन को प्रभावित करने वाला होता है। भारत जैसे देश में, स्थानीय साम्प्रदायिक तनाव या हिंसा सभी को प्रभावित करेगी, हर जगह। यह कोई डर का माहौल पैदा करने की कोशिश नहीं है। यह सम्पूर्ण सत्य है, चूँकि, जैसा कि पहले ही कहा गया है, अच्छी तादाद में सभी धर्मों के लोग देश के हर हिस्से में रहते हैं तथा सन्देह, भय और कटुता से वह आग भड़क सकती है जो किसी को भी कहीं जला सकती है। केन्द्रीय गृह मन्त्रालय के आंकड़ों के अनुसार पिछले एक साल के दौरान ही देश में साम्प्रदायिक घटनाओं में 30 प्रतिशत की वृद्धि हुई है। यही कारण है कि सुशासन और सामाजिक समरसता एक ही सिक्के के दो पहलू होना चाहिए, भारत में, और अधिकतर देशों में। यहाँ ताकि बेहतरी के लिए बनायी गयी शासन की नीतियाँ इसलिए असफल हो जायेंगी अगर सामाजिक अस्थिरता तथा साम्प्रदायिक माहौल बिगड़ने का डर बना हुआ हो। इसलिए सामाजिक एवं साम्प्रदायिक समरसता केवल नैतिक मूल्य भर नहीं है बल्कि एक व्यावहारिक पूर्व शर्त इस अर्थ में कि अच्छी तरह से शासन चलाया जा सके और हमारे देश जैसे बहुलतावादी देश का कामकाज ठीक तरीके से चलाया जा सके।

यह कहा जा सकता है कि मुक्त प्रेस तथा न्यायपालिका जैसी संस्थाएँ जानबूझ कर फैलाई जा रही धार्मिक हिंसा और साम्प्रदायिक तनाव के ख़िलाफ़ दीवार का काम करेंगी। यह आंशिक तौर पर सही है, लेकिन यह बात गम्भीरता से याद करने की है कि 1984 में सिखों का क़त्लेआम, 2002 में गुजरात में मुसलमानों का नरसंहार और 2013 में मुज़फ्फरनगर में साम्प्रदायिक दंगे संरक्षा के इन तमाम उपायों के बावजूद पूरी क्रूरता के साथ हुए। सबसे बढ़ कर, यह समस्या तब और अधिक गम्भीर हो जाती है जब नेतृत्व की तरफ़ से उसमें ढील दे दी जाये—या उससे भी बुरा यह कि वह साम्प्रदायिक ताकतों को खुला छोड़ दिया जाये। 1999 में जब

भाजपा सत्ता में आयी तो देश के पास सौभाग्य से अटल बिहारी वाजपेयी जैसा नेता था, जिन्होंने अपनी पार्टी के अन्तर्गत उन्मादियों को नियन्त्रण में रखने का काम किया। यह शिक्षाप्रद है कि विश्व हिन्दू परिषद्, युवा शाखा दुर्गा वाहिनी, बजरंग दल और श्री राम सेना जैसे संगठन इसलिए मुखर रूप से नाखुश थे कि उनको भाजपा नेतृत्व से भरपूर समर्थन नहीं मिला। आज जबकि हम ऐसे हालात में हैं जब भाजपा नेतृत्व सुशासन की बात करती है लेकिन संघ परिवार के अन्य सदस्य अपनी प्राथमिकताओं को ले कर अस्पष्ट हैं। 18 जून 2013 को आरएसएस के नेता मोहन भागवत ने सार्वजनिक रूप से बोलते हुए कहा कि हिन्दुत्व धारा एकमात्र समाधान है। 16 जुलाई 2013 को आरएसएस ने औपचारिक रूप से यह घोषणा की कि राम मन्दिर का निर्माण चुनावी मुद्दा होगा। और 2 अगस्त 2013 को वी॰पी॰ सिंघल, वीएचपी के नेता, ने कहा कि केवल हिन्दू शक्ति भारत को नम्बर एक देश बना सकता है। 'भारत पहले' के सिद्धान्त को भाजपा के प्रधानमन्त्री पद के उम्मीदवार ने सामने रखा, जो एक अलग ही तरह की निर्मिति लगती है जब उसे मुजफ्फरनगर दंगों के बाद के सन्दर्भ में देखा जाता है, भाजपा ने अपने विधायकों संगीत सिंह सोम और सुरेश राणा को, जिनके ऊपर दंगे भड़काने के आरोप हैं, मंच पर बुलाया सम्मानित करने के लिए। साफ़ है, इस बात को ले कर दुखी होने के अनेक कारण हैं कि चुनावी राजनीति एक ऐसे नेता को शासन में ला सकता है जिसके अन्दर वाजपेयी जैसी अच्छी भावना नहीं है, और जो चाहता है कि संघ के संगठनों को खुला छोड़ दिया जाये, या जो उसको रोक पाने में अक्षम है। यह और भी बुरा तब हो सकता है जब चुनावी जीत की व्याख्या यह कह कर की जाये कि यह संकीर्ण और विभेदकारी राजनीति के पक्ष में जन समर्थन है, जो इस तरह की घटनाओं को और भी अंजाम देने के लिए दिया गया है। बुनियादी बात यह है कि भारत को एक ऐसे नेता की ज़रूरत है जिसे अनेक स्तरों पर देश के सभी लोगों का समर्थन हासिल हो। कोई भी ऐसा नेता जो सावधानीपूर्वक तैयार की गई चुनावी रणनीति के तहत सत्ता में आता है, वह भी देश के विभिन्न धर्मों के लोगों के बीच विभेद फैलाने वाली राजनीति के तहत, तो यह भयानक आपदा की तरह होगा। युवा गणतन्त्र सौभाग्यशाली है कि वह अतीत में इस तरह के विभाजन से बचता रहा है। यह भविष्य में ऐसा नहीं होने दे सकता है। मध्यवर्ग को यह अपने आप समझना है कि यह उसके हित में है। क्योंकि, बड़े पैमाने पर

धर्मनिरपेक्ष अवसरों के सन्तुलन के बीच, बदलाव की अधीरता में, इसे बड़े पैमाने पर परिणाम भुगतने होंगे अगर न तो बेहतर शासन आया और न ही धार्मिक शान्ति और सामाजिक समरसता।

जो समस्याएँ मध्यवर्ग को 2014 के चुनाव में संकल्पित करेंगी, और उसके बाद भी, वह वर्ग से सम्बन्धित हैं और देश से भी। ऐसा कोई मुद्दा नहीं है जो मध्यवर्ग की चिन्ता के दायरे में है, जो अपने आप में ही सिमटा हुआ है, चाहे वह सुशासन का मुद्दा हो, आर्थिक विकास का, भ्रष्टाचार या जनता की सुरक्षा का। अतीत में जब मध्यवर्ग की राजनीति में इतनी पूछ नहीं थी, यह समझ में आता था कि वह केवल अपने वर्ग से जुड़े मुद्दों को लेकर ही चिन्तित रहता था, और उसके लिए ही लड़ाई करता था। लेकिन आज उसकी संख्या और प्रभाव दोनों का महत्वपूर्ण राजनीतिक प्रभाव है, इसलिए यह समय आ गया है कि वह अपने तात्कालिक हितों के दायरे से बाहर निकल कर देश के बारे में भी सोचे। भारत में अभी भी दुनिया में सबसे अधिक गरीब हैं। दुनिया में सबसे अधिक लोग हमारे यहाँ ऐसे हैं जो लिख पढ़ नहीं सकते हैं। अफ्रीका के सहारा इलाके में मिला कर जितने कुपोषित बच्चे हैं उससे अधिक कुपोषित बच्चे भारत में हैं। पीने का पानी और चिकित्सा सुविधाएँ जैसी बुनियादी सुविधाएँ भी लाखों नागरिकों के पास नहीं है। दुनिया में कहीं भी इतने अधिक किसान आत्महत्या नहीं करते हैं। मध्यवर्ग को राजनीतिक विकल्प चुनते हुए यह बुनियादी बदलाव अपने सोच में लाना चाहिए कि वह शिक्षित और सामाजिक तबके में ऊपर की तरफ़ अग्रसर वर्ग से चिन्तित और सामाजिक तौर पर संवेदनशील तबके के रूप में रूपान्तरित हो जाये। उसे सामाजिक रूप से अपना अलग-थलगपन छोड़ कर भारत की विस्तृत सच्चाइयों से रू-ब-रू होना चाहिए। इसके लिए इसे अपने इस एजेंडा के बारे में फिर से सोचना होगा कि इसे उच्च आर्थिक विकास दर के बारे में सोचना है या इसे सबसे ग़रीब तबके तक अपनी पहुँच बनानी है। भारत को आर्थिक विकास की ज़रूरत है, लेकिन ऐसे विकास की नहीं जो चमकते भारत और अँधेरे भारत के बीच की खाई को और बढ़ा दे। भारत सच्चे अर्थों में तभी चमक सकता है जब सारा भारत चमके। आत्महित को मध्यवर्ग को मजबूर करना चाहिए कि वह इस बुनियादी सच को समझे। पिछले सालों में मध्यवर्ग ने सजग या असजग तौर पर इस भ्रम को पोषित

करने का काम किया है कि किसी तरह से जो सफल लोग हैं वे अपना अलग छोटा-सा गणतन्त्र बना सकते हैं, समृद्धि का एक ऐसा द्वीप जो शेष भारत की गन्दगी से अलग हो। यह प्रवृत्ति इस रूप में दिखाई देती है कि मोटे तौर आपने आसपास की ग़रीबी और अभावों से अप्रभावित रहा है या यह उसकी चिन्ता नहीं करता है। लेकिन आज राजनीति ने अधिकारों के मामले में नीचे के तबकों को सशक्त बना दिया है, और पूरे देश पर उनके दावे को भी मजबूत किया है। अगर समृद्ध तबका व्यवस्थित रूप से इसके लिए नहीं खड़ा होता है कि राष्ट्रीय संसाधनों का समतापूर्ण ढंग से एवं प्रभावी तरीके से सभी नागरिकों में बँटवारा किया जाये, तो जो उसके नीचे के तबके हैं वे आन्दोलन करके उनको भी उनके हक़ से वंचित कर देंगे। शिक्षित तथा अपेक्षाकृत समृद्ध नागरिकों को इसलिए धाय की भूमिका निभानी चाहिए जो यह सुनिश्चित करे कि भारत के राज्य में विकास सर्वव्यापक हो तथा वह सभी नागरिकों की भावनाओं एवं ज़रूरतों के मुताबिक़ हो। इसके लिए, उनको सावधानीपूर्वक आर्थिक विकास के दावों के बारे में सवाल पूछने चाहिए और यह देखना चाहिए कि वे पर्याप्त ढंग से समावेशी हैं कि नहीं। आंकड़ों का भी चुनिन्दा तरीके से इस्तेमाल करके मध्यवर्ग को बेवकूफ़ बनाया जा सकता है। इस समय ज़रूरत है कि दावों, भाषणों से परे जाकर उचित सवाल पूछे जायें, जैसे यह कि पूर्ण जीडीपी विकास के दावों के विपरीत मानव विकास सूचकांक के मामले में राज्य का प्रदर्शन कैसा रहा है। यह भी प्रासंगिक सवाल है कि किस तरह एक राज्य के अनुभव को पूरे देश के लिए प्रासंगिक माना जा सकता है। उदाहरण के लिए, बिहार को लें, जो स्थलरुद्ध राज्य है और जहाँ 110 मिलियन लोग रहते हैं और जो कई कारणों से ग़रीबी के चक्र में फँसा रहा है, और जहाँ भारत में जनसंख्या की सघनता सबसे अधिक है, वहाँ की समस्याएँ गुजरात जैसे राज्यों की चुनौतियों से अलग हो सकती हैं, जो हमेशा से विकसित राज्यों में रहा है, जहाँ जनसंख्या की सघनता कम है और जिसकी समृद्ध तटरेखा के किनारे बड़े पैमाने पर जमीन उपलब्ध है। भारत की विविधता इस बात की अनुमति नहीं देती है कि एक तरह के मानक को सभी जगह पर आजमाया जाये।

पुनः, न्यायपूर्ण विकास का मतलब होता है देश के सभी लोगों का विकास और देश का विकास। अगर ९० प्रतिशत से अधिक विदेशी निवेश

महाराष्ट्र, गुजरात, हरियाणा और तमिलनाडु जैसे कुछ राज्यों में ही होता है तो वे करोड़ों लोग जो इससे बाहर रहते हैं किस तरह से भारत के सर्वांगीण विकास में अपना योगदान दे सकेंगे। मध्यवर्ग के लिए महत्वपूर्ण यह है कि वह बहुसूचित एवं ज्ञानी नागरिक के रूप में अपने आपको पेश करे, जो देश के हालात से वाकिफ़ हो, और जो तात्विक एवं समावेशी तौर पर बदलाव में अपनी भूमिका निभाने के लिए तैयार हो, बजाय इसके कि वह ऐसे नेताओं के हाथ का पुतला बना रहे जो उसके हित के लिए चुनिन्दा मुद्दों की बात करते रहें।

देश के एजेंडा की बड़े पैमाने पर समझ जीवन के सभी क्षेत्रों के लिए होनी चाहिए, जिसमें महत्वपूर्ण ढंग से देश की सुरक्षा की भी चिन्ता हो। विदेश नीति, सुरक्षा एवं प्रतिरक्षा आपस में जुड़े हुए हैं और देश के विकास के लिए महत्वपूर्ण हैं, क्योंकि हमारा पड़ोस दुनिया के सबसे मुश्किल पड़ोस में से एक है। हमारे पड़ोस में दो शत्रु राष्ट्र हैं, चीन और पाकिस्तान; अफगानिस्तान अस्थिर है; नेपाल की स्थिति अन्दर से विस्फोटक है; बांग्लादेश साम्प्रदायिकता के उभार से संघर्षरत है; म्यांमार आतंकवाद और पृथकतावादी आन्दोलनों से संघर्ष कर रहा है; श्रीलंका में तमिलों का मुद्दा अभी सुलझा नहीं है; और मालदीव में हाल के वर्षों में बड़े पैमाने पर राजनीतिक उठापटक देखने में आयी है। चीन के साथ हमारी 4 हज़ार किलोमीटर की विवादग्रस्त सीमा रेखा है, करीब 8 सौ किलोमीटर की विवादग्रस्त सीमा रेखा पाकिस्तान के साथ है, करीब 15 हजार किलोमीटर की सीमा सात देशों के साथ है, और लगातार असुरक्षित होती 75 सौ किलोमीटर की समुद्र रेखा है। इसके अलावा, हमारे यहाँ आतंकवाद की समस्या है जिसको बाहर के मुल्कों से हवा दी जाती है, देश के भीतर पैदा हुआ आतंकवाद है, और बड़े पैमाने पर व्याप्त नक्सलवाद है जो देश के आठ राज्यों में फैला हुआ है। हालात भयानक रूप से चिन्ताजनक है, लेकिन मध्यवर्ग न तो इन मुद्दों को ठीक तरीके से समझता है, उससे भी बुरा यह है कि यह बिना सोचे समझे एक ऐसे नेता को समर्थन दे रहा है जो उग्र राष्ट्रवाद की शरण में है। 2014 का चुनाव इस बात की परीक्षा है कि मध्यवर्ग मुद्दों के ऊपर अपना दिमाग़ लगाता है या नहीं, केवल अपने हित में ही नहीं बल्कि इस दृष्टि से भी कि देश के लिए क्या उचित है। भारत बदलाव चाहता है, यह पक्का है, लेकिन वह बदलाव उचित दिशा

में हो, लाभकारी हो, यह तभी सम्भव है जब देश के नागरिक जागरूक हो कर मतदान करें, अपने विकल्पों को सावधानीपूर्वक चुनें इस बात को ध्यान में रखते हुए कि दीर्घ अवधि के लिए देश के हित में क्या है।

उपसंहार

2014 के आम चुनावों और उसके बाद के दौर से मध्यवर्ग क्या हासिल करने की उम्मीद करता है? हमने इस वर्ग की शक्तियों की चर्चा की है, इसकी कमजोरियों की भी, इसके अतीत की भविष्यवाणियों, इसके सामने मौजूद विकल्पों की और इसके लिए वोट करने से पहले मुद्दों से जुड़ने की ज़रूरत की। हमने उन ख़तरों का भी परीक्षण किया जो इन स्वार्थी राजनेताओं द्वारा उपयोग के साथ जुड़े हुए हैं, और अनेक शिक्षित भारतीयों में यह प्रवृत्ति देखी गई है कि वे शरारतपूर्ण प्रचार और भाषणबाजी में बह जाते हैं। इन सभी ख़तरों को देखते हुए कुछ स्पष्ट लक्ष्य हैं जिनको मध्यवर्ग को मतपेटियों के माध्यम से पाने की कोशिश करनी चाहिए। इनके बारे में ज़रूर चर्चा होनी चाहिए तथा इसके साथ होने वाली कार्रवाइयों पर विचार होना चाहिए।

2014 मध्यवर्ग के सामने एक मौका देता है कि वे एक नये राजनीतिक मुहावरे पर बल दें जो स्वार्थ को अवमूल्यित करने वाला हो, ईमानदारी के महत्व को समझने वाला हो, वह जनता का अधिक हितैषी हो तथा सहभागितापूर्ण हो, और सत्ता के खुले प्रदर्शन को ख़ारिज करता हो। राजनीतिक वर्ग इससे अवगत है कि शिक्षित भारतीयों की क्या खोज है। हालाँकि, ख़तरा यह है कि यह अपने पुराने एजेंडा पर पुराने ढंग से काम करता रहेगा जबकि मध्यवर्ग की नई आकांक्षाओं के बारे में मुँहजबानी बात करता रहेगा।

सभी मध्यवर्ग के मतदाताओं के लिए यह ज़रूरी होगा कि वे थोड़ा अधिक चौकस रहें और इस दोहरेपन को मात देने की कोशिश करें। इस उद्यम के बुनियादी पहलू में शामिल है राजनीतिक नेताओं के पूर्वचरित्र का नजदीक से परीक्षण, घोषणापत्रों एवं वादों का अच्छी तरह परीक्षण, चुनाव

के दौरान पार्टियों द्वारा धन जुटाने के तरीकों और खर्चों को ले कर सवाल करना, और प्रदर्शन से जुड़ी उम्मीदों के ऊपर ध्यान रखना।

राजनीति के मंच पर एक महत्वपूर्ण पार्टी के रूप में आम आदमी पार्टी का आगमन हुआ है। आम आदमी पार्टी सिर्फ़ मध्यवर्ग की पार्टी नहीं है जबकि मध्यवर्ग का एक बड़ा तबका यह समझता है कि यह मध्यवर्ग की पार्टी है। इसका कारण बड़ा सीधा है : आप ने जिस लक्ष्य को पाने का संकल्प लिया है वह है राजनीति और शासन के परिदृश्य में मूलगामी परिवर्तन का, और जिम्मेदारी की एक नई व्यवस्था के साथ राजनीति को आम आदमी के अधिक करीब लाने का। उसका चुनाव चिह्न है झाड़ू जो बहुत स्पष्ट तरीके से यह बताती है कि वह करना क्या चाहता है, जो यह है कि यह पुराने जमाने के भ्रष्टाचार को बुहारकर आदर्शवाद, ईमानदारी तथा सादगी को राजनीति में वापस लाना चाहती है। ये वही चीजें हैं जो अधिकतर मध्यवर्ग देखना चाहता है।

हालाँकि, मध्यवर्ग की यह कोशिश है कि वह आप को अपने हितों के अनुकूल बना ले, और इसे आप के घोषित लक्ष्य सबसे ग़रीब तबके के लिए काम करने तक ही सीमित नहीं रहना चाहिए; न ही मध्यवर्ग को पार्टी को इस रूप में देखना चाहिए कि इसमें मध्यवर्ग के लिए निष्ठा की कमी है।

बड़े बदलाव की ज़रूरत को समझते हुए इसने देश की नब्ज को पकड़ा है, इसलिए आप को व्यापक समर्थन मिला है लेकिन यह अभी भी अनुभवहीन पार्टी है, और इसे अपने सैद्धान्तिक संगति तथा संगठन के ढाँचे को संजोये रखने के लिए और अधिक मेहनत करने की ज़रूरत है। मध्यवर्ग को चाहिए कि वह इस नई राजनीतिक शक्ति को समय दे और समय से पहले इससे निराश होने से बचे या इससे ज़रूरत से अधिक उम्मीद न पाले। साथ ही, इसे आप के पथ को ध्यान से देखने की ज़रूरत है, इसकी चालों को समझने की ज़रूरत है, और जहाँ ज़रूरी लगे वहाँ इसके नीतिगत निर्णयों पर सवाल उठाने की भी ज़रूरत है।

स्वाभाविक है कि मध्यवर्ग चुनावों में भी भाग लेगा ताकि बेहतर शासन के लक्ष्य को पा सके। इसके लिए, यह ज़रूरी होगा कि यह हर

उम्मीदवार के प्रदर्शन और उसकी दृष्टि का सावधानीपूर्वक विश्लेषण करे तथा उस पार्टी के शासन की उपलब्धियों तथा उसकी कमियों का भी जिससे वह उम्मीदवार ताल्लुक रखता है। सुशासन एक ऐसा मुद्दा है जिसको लेकर राजनीतिक नेता बड़े-बड़े वादे करते हैं और ऊँचे-ऊँचे दावे भी। इनको ले कर अच्छी तरह से सवाल किये जाने की ज़रूरत है। इसके अलावा राजनीतिक दलों के घोषणापत्रों को पहले के दावों तथा भविष्य के वादों के सन्दर्भ में सावधानीपूर्वक देखे जाने की ज़रूरत है। लम्बे समय से, शिक्षित भारतीयों ने ऐसे दावों के ऊपर अच्छी तरह से सवाल नहीं उठाये हैं, और न ही उनको पढ़ने की जहमत उठायी है। इसकी वजह से पार्टियाँ बड़ी ढिठाई से घोषणापत्र को कर्मकाण्ड की तरह से देखती हैं, और उसका उपयोग करती हैं हर तरह के वादों एवं दावे करने के लिए, जिसमें सच का कोई सन्दर्भ नहीं होता। सुशासन को लेकर राजनीतिक दलों के एजेंडा के ऊपर मध्यवर्ग को राष्ट्रीय बहस की माँग करनी चाहिए। ख़ास तौर पर, इसे अच्छी तरह से सरकार के प्रदर्शन का अच्छी तरह से परीक्षण करना चाहिए कि समावेशी एवं सर्वांगीण प्रभाव के मामले में वह कैसा रहा, और केवल कुछ ऐसी योजनाओं के माध्यम से जिसका फायदा कुछ लोगों तक पहुँचा हो लेकिन समाज के निचले पायदान पर बैठे लोगों को सामाजिक-आर्थिक सीढ़ी पर ऊपर चढ़ने में मददगार न रहा हो।

इस समय, मतदाताओं के पास इसका मौका नहीं होता कि वे उम्मीदवारों से सवाल कर सकें, या उनको मुद्दों पर बहस करते हुए शान्तिपूर्वक सुन सकें, या उनके तार्किक निर्णयों के आधार पर मूल्यांकन कर सकें, यह कि चुनाव क्षेत्र की ज़रूरतों के हिसाब से पार्टियों के पास देने के लिए क्या है। अन्य कई जनतान्त्रिक व्यवस्थाओं में, एक-दूसरे के ख़िलाफ़ लड़ने वाले उम्मीदवार संस्थानिक रूप से आयोजित सार्वजनिक मंचों पर मिलते हैं तथा मुद्दों के ऊपर चर्चा करते हैं। कुछ प्रजातन्त्रों में प्राइमरीज की व्यवस्था है, जो मतदाताओं को इस योग्य बनाता है कि वे सक्रिय तौर पर चुनाव पूर्व गतिविधियों में भाग लें जिससे उम्मीदवारों की जिम्मेदारी बढ़ जाती है। हमारे यहाँ चुनावों में ऐसा कुछ भी नहीं होता है। बहस-मुबाहिसे, या मुद्दों या उम्मीदवार के सवाल पूछने के स्थान पर बड़े-बड़े चुनाव अभियान चलाये जाते हैं जिसमें बड़ी मात्रा में धन लगता है। यह मध्यवर्ग के हित में होगा कि वह इसमें बदलाव के लिए

ज़ोर दे। उदाहरण के लिए, वह यह माँग कर सकता है कि चुनाव आयोग की देखरेख में, स्थानीय प्रशासन, उम्मीदवारों के बीच बहस के लिए जगह मुहैया करवाये तथा इस तरह के कार्यक्रम टेलिविज़न पर भी हों। उम्मीदवारों से यह कहा जाना चाहिए कि वे स्थानीय निकायों जैसे पंचायत, निवासी कल्याण संघों, जिला परिषदों या इस तरह के अन्य जन मंचों पर जायें और सुशासन के अपने एजेंडा को ले कर बात करें, तथा अपनी विश्वसनीयता को बतायें। एक वयस्क जनतन्त्र को उम्मीदवारों एवं मतदाताओं के बीच, खुद उम्मीदवारों के बीच प्रासंगिक मौके उपलब्ध करवाने चाहिए, वह भी मतदान से पहले। मध्यवर्ग को इसके लिए दबाव बनाना चाहिए कि उसे इस तरह के अधिक से अधिक मौके उपलब्ध करवाये जायें। अधिक खुला माहौल बन जाये और जनतान्त्रिक संवाद हो तो यह इन चुनावों का एक अच्छा मुकाम हो सकता है। इससे हो सकता है कि राजनीतिक दलों के भीतरी ढाँचों को खोल पाने में भी मदद मिल सके, जो अधिकतर गैर लोकतान्त्रिक हैं, जहाँ खुल कर बहस या चर्चाएँ नहीं होतीं तथा अनेक मामलों में उनको एक परिवार द्वारा चलाया जाता है। दुनिया के इस सबसे बड़े जनतन्त्र में कुछ बहुत घृणित है जो वंशवादी सिद्धान्तों को ले कर है जो इसके साथ-साथ मौजूद है। यह सच है कि राजनीति में परिवार की प्रतिष्ठा से आने वाले वंशज को राजनीति में बेहतर शुरुआत मिल जाती है। यह उसका लाभांश है जिससे इनकार नहीं किया जा सकता है। न ही इसमें आवयविक तौर पर कुछ गलत है कि किसी राजनेता का बेटा या बेटी अपने माता-पिता के नक़्शे-क़दम पर चलता है। लेकिन इससे उसके बच्चों को बिना किसी चुनौती के ऊँचे राजनेता का दर्जा मिल जाता है जो इसका एक और पहलू है। यह पार्टी, उसके नेतृत्व एवं स्वस्थ जनतन्त्र के सिद्धान्तों को अवमूल्यित करता है। लेकिन चाहे वह उत्तर हो या दक्षिण, भारतीय राजनीति का परिदृश्य ख़ानदानी उत्तराधिकार का शिकार है। इसकी वजह से घृणित किस्म की चाटुकारिता आती है। किसी में साहस नहीं होता कि वह उस ख़ानदानी नेता या उसके बच्चे के ऊपर सवाल उठा सके। ज़रा-सी भी असहमति को निष्ठा में कमी या विद्रोह के रूप में देखा जाता है। ऐसा करने वाले के ख़िलाफ़ जो कार्रवाई होती है वह बहुत सख़्त होती है। इसकी वजह से पार्टियों के भीतर एक तरह की तानाशाही का माहौल बन जाता है जिसमें किसी तरह के वाद-विवाद की गुंजाईश नहीं होती है। मध्यवर्ग को खुद से यह पूछना चाहिए कि जिन राजनीतिक दलों

में वंशवाद की बेल फल फूल रही हैं वह एक जाग्रत जनतन्त्र की तस्वीर पेश करते हैं क्या।

लोकतान्त्रिक व्यस्था जिस तरह से काम कर रही है उसमें सुधार स्वाभाविक तौर पर मध्यवर्ग के एजेंडा में काफ़ी ऊपर है। इसको देखते हुए यह देखना चाहिए कि इस सन्दर्भ में किसी नेता या राजनीतिक दल के पास क्या है। उदाहरण के तौर पर, राजनीतिक दलों से यह सवाल पूछा जा सकता है आर्थिक पारदर्शिता को ले कर उसका क्या मत है। क्या वे अपने बैलेंस शीट का ऑडिट करवाने के लिए तैयार हैं? क्या वे इस बात से सहमत हैं कि अपने वार्षिक खर्च के लेखा जोखा को सार्वजनिक तौर पर एक वेबसाईट पर रख सकें, या अपने वित्तीय लेन-देन को आरटीआई के अन्तर्गत रख सकें? चुनाव आयोग ने इस बदलाव को ले कर कई ठोस प्रस्ताव रखे हैं, जिसमें वर्तमान क़ानून को बदलने से सम्बन्धित है जो राजनीतिक दलों को इसकी अनुमति देता है कि वह चाहे तो उस दानकर्ता का नाम न बताये जिसने 20 हजार रुपये से कम राशि का चन्दा दिया है। राजनीतिक दलों से साफ़ तौर पर यह पूछा जा सकता है कि इस प्रस्ताव पर उनका क्या कहना है। इसी तरह, भ्रष्टाचार के मुद्दे पर शिक्षित भारतीय यह पूछ सकते हैं कि इस सम्बन्ध में उन्होंने क्या-क्या कदम उठाये हैं, ताकि केवल उँगली उठाने से बात आगे बढ़ सके।

राजनीति में प्रचलित अपराधीकरण को ख़त्म करने के लिए सभी शिक्षित मतदाताओं को राजनीतिक उम्मीदवारों के आंकड़ों का अच्छी तरह से अध्ययन करना चाहिए, उनको यह संकल्प लेना चाहिए कि वे ऐसे सभी उम्मीदवारों का बहिष्कार करेंगे जो किसी आपराधिक मामले में फँसे हुए हों, या जिन्होंने इस सूचना को चुनाव आयोग से छिपाया हो, जो असामान्य बात नहीं है। जो राजनीतिक दल अपराधी उम्मीदवारों को समर्थन देते हों उनके साथ भी इसी तरह का बर्ताव किया जाना चाहिए। इसी तरह, जो राजनीतिक दल भ्रष्टाचार के ख़िलाफ़ तो बोलते हों लेकिन ऐसे नेताओं को पार्टी में लेने से किसी तरह का परहेज नहीं करते हों जिनके ऊपर भष्टाचार के मामले में जाँच चल रही हो या जो दागी हों तो उनसे भी सवाल किया जाना चाहिए। आगामी चुनाव इसका मौका है कि राजनीतिक बहसों को नारों से आगे ले जा

कर उन क़दमों के बारे में बात करनी चाहिए जो राजनीतिक दल इस बुराई को ख़त्म करने के लिए उठाने वाले हैं। भ्रष्टाचार निश्चित तौर पर इस तरह के सवालों को पूछने की शुरुआत करने के लिए सबसे उर्वर क्षेत्र है।

आख़िर में, एक मुद्दा है जिसको लेकर मध्यवर्ग को भ्रमित किया जाता है वह धर्मनिरपेक्षता का है। धर्मनिरपेक्ष शब्द का बड़े पैमाने पर दुरुपयोग किया गया है; इसे एक खाली ठप्पे की तरह से इस्तेमाल किया गया है, एक ऐसे उपाय के तौर पर जिससे राजनीतिक विरोधियों क मात दी जा सके, वोट बैंक की राजनीति को मजबूत बनाया जा सके, कम अवधि में राजनीतिक लाभ के लिए एक अवसरवादी उपाय के तौर पर। हालाँकि, भले ही यह शब्द स्वार्थी राजनीतिक ज़रूरतों को पूरा करने का एक जरिया भर बन कर रह गया हो मगर इसे नकारा नहीं जा सकता है। हमने पहले इस बारे में विस्तार से चर्चा की है कि क्यों हमारे देश में, धार्मिक सौहार्द और शासन एक ही सिक्के के दो पहलू हैं : एक के बिना दूसरे की वैधता नहीं। जो यह मानते हैं कि धार्मिक ध्रुवीकरण उनके सिद्धान्तों का हिस्सा हैं वे धर्मनिरपेक्षता के दुरुपयोग की बात उठा कर इसे अवमूल्यित करने का प्रयास करेंगे। वे साम्प्रदायिक एजेंडा को भी अन्य एजेंडा में मिला कर आगे बढ़ाना चाहते हैं। लेकिन मध्यवर्ग को चाहे अनचाहे धार्मिक विभेद की इस राजनीति का हिस्सा नहीं बनना चाहिए। इसे अपने राजनीतिक विकल्पों का चयन करते हुए सभी तरह की साम्प्रदायिकता को नकार देना चाहिए, चाहे वह हिन्दू हो या मुस्लिम या किसी अन्य नस्ल की।

2014 का चुनाव आदर्श रूप से मध्यवर्ग के लिए विभाजक रेखा के तौर पर होना चाहिए कि वह यह दिखाए कि वह महज हाशिये पर खड़ा एक राजनीतिक सहभागी नहीं है बल्कि भारत के भविष्य को निर्धारित करने में महत्वपूर्ण भूमिका निभाने वाला है। यह सम्भव हो इसके लिए इसे निश्चित तौर पर भारत के लिए एक वैकल्पिक दृष्टिकोण विकसित करना चाहिए। इस दृष्टिकोण में बेहतर और अधिक समावेशी विचार के लिए जगह होनी चाहिए, भ्रष्टाचार के ख़िलाफ़ सतत संघर्ष के लिए बात होनी चाहिए, राज्य और केन्द्र के बीच के सम्बन्ध अधिक न्यायपूर्ण होने चाहिए, तथा बहु-धार्मिक बहुलता को मजबूत बनाने वाला हो। इस दृष्टि को सच बनाने के लिए

मध्यवर्ग को आत्मनिरीक्षण करना चाहिए और यह देखना चाहिए कि अतीत में उसका व्यवहार कैसा रहा है; उसके बाद उसे चुनाव में अधिक सतर्कता से भाग लेना चाहिए तथा अधिक सक्रिय जन सहभागिता के लिए तैयार रहना चाहिए, जिसमें वर्तमान के मुद्दों के साथ अधिक गहन संलग्नता भी शामिल है। मध्यवर्ग के अधिक से अधिक लोगों को राजनीति में भागीदारी करनी चाहिए और चुनाव लड़ने के बारे में भी सोचना चाहिए। इतना ही महत्वपूर्ण यह है कि मध्यवर्ग को बड़ी तादाद में बाहर निकल कर मतदान में भाग लेना चाहिए। इसके बारे में विचार करना चाहिए कि अखिल भारतीय संगठन तैयार किया जाये जो मध्यवर्ग की चिन्ताओं के बारे में बात करता हो तथा वर्तमान राजनीतिक व्यवस्था से बहुसूचित सवाल करने चाहिए। इस सन्दर्भ में शोध करने वाले गैर सरकारी संगठनों की भूमिका महत्वपूर्ण हो जाती है, तथा मध्यवर्ग को इसको अधिक समर्थन देना चाहिए तथा उससे मिली सूचनाओं का अधिक से अधिक प्रसार करना चाहिए। इंटरनेट तथा सोशल मीडिया का उपयोग करके समर्थन जुटाना चाहिए तथा महत्वपूर्ण मुद्दों के ऊपर जागरूकता का प्रसार करना चाहिए। एक पाँच हजार साल पुरानी सभ्यता और एक युवा गणतन्त्र आज आमने सामने है। चुनाव हमें करना है कि एक देश के रूप में गिरावट को देखें या आगे बढ़ कर इस सम्भावना को हासिल करें। हमारे सामने विकल्प यह है कि अपने दूरदर्शी पूर्वजों के सपने को पूरा कर प्रगतिशील, समृद्ध, सौहार्दपूर्ण और गतिशील देश बनें, या उस स्वार्थ की राजनीति के सामने घुटने टेक दें जिसका एकमात्र उद्देश्य है येन केन प्रकारेण सत्ता हासिल करना। मध्यवर्ग देश के लिए उपयुक्त विकल्प चुनने में महत्वपूर्ण भूमिका निभा सकता है। इसे भाग्य से साथ किये गये वादे को पूरा करने से पीछे नहीं हटना चाहिए।